一生に一度は行きたい

日本の絶景 癒しの旅100

富田文雄／山梨勝弘 写真・文

PHP
ビジュアル
実用BOOKS

はじめに

私にとって日本の風景はすべて、どれもが一番である

四季それぞれに変化に富んだ美しい自然風景を見せてくれる日本列島。桜の開花を待ち焦がれ、新緑にときめき、深緑に癒され、錦秋の山々の彩りに胸躍らせ、凛としたモノトーンの銀世界に息をのむ、という一年の繰り返しだが、日本に生まれ育ち美しい風景を記録して後世に残し伝える、風景写真家は遣り甲斐のある仕事だと自負している。

小学生の頃、両親の故郷で毎年夏休みを過ごした。川で泳ぎ魚釣りをし、川原でキャンプをして、里山を歩き、過ごした日々がある。思い返せば、カメラを初めて手にしたのもこの頃だった。今ほど性能のよいカメラではなく、シャッターを押せば簡単に写るおもちゃのようなカメラだった記憶がある。中学生の時、友人が在籍する写真部の暗室へ遊びに行き、現像液に浸かる印画紙から画像が浮かび上がるのを見て不思議に思った。自分でも試したくなり、それが写真にのめり込んでいったきっかけだ。

高校時代は旅行が好きになり、友人達と

夜行列車を利用して旅を楽しんだ。初めて見る海や山、高原の風景、雲や花、砂浜や波一つにも感動した。旅行では常にカメラを持ち撮影して、独学で勉強して自分で現像しては友人達に渡すのを楽しみにしていた。その後、風景写真家のアシスタントを務め、独立して本格的に風景写真を撮影するようになった。思い返せば両親の故郷で過ごした野山や友人達との旅が土台になり、現在の私があるのだと思う。

よく人から「全国に行って美味しい物が食べられてよいですね。どこの風景が一番よいですか？」と聞かれるが、私は「日本の風景すべてが好きでどこが一番とは言えません。すべてが一番なのです」と答える。同じ場所でも季節により風景が違う。朝昼夕夜、晴れか雨かでも風景が変わるので、同じ場所でも何回も行くことになる。何回も行くことにより新しい発見があり、土地の人達との出会いもある。これも楽しみの一つである。これからも新しい風景との出会いを求めて車中泊の旅が続くだろう。この山梨勝弘氏と共に記した本書を見て、少しでも癒され旅に出たいと思う方がおられれば幸いである。

富田文雄

大菩薩峠より奥多摩の山々／山梨県甲州市8月

CONTENTS

もくじ

はじめに 私にとって日本の風景はすべて、どれもが一番である……2

第1章 懐かしい心の故郷

Part 1 癒しの風景

西の湖夕景 001 〔滋賀県 近江八幡市 11月〕……12
赤そばの花畑 002 〔長野県 箕輪町 9月〕……15
由布川峡谷 003 〔大分県 由布市 8月〕……16
奥多摩湖畔の桜 004 〔東京都 奥多摩町 4月〕……18
赤目四十八滝 荷《に》担《ない》滝《だき》 005 〔三重県 名張市 5月〕……20
四万十川 006 〔高知県 四万十市 9月〕……21
ノゾリキスゲ咲く野《の》反《ぞり》湖《こ》 007 〔群馬県 中之条町 7月〕……22
底《すく》地《じ》ビーチ 008 〔沖縄県 石垣市 7月〕……24
蔵王の樹氷と太陽 009 〔山形県 山形市 2月〕……26

Part 2 懐かしの風景

雪の白川郷 010 〔岐阜県 白川村 12月〕……28
かやぶきの里 011 〔京都府 南丹市 4月〕……30
石積みの集落 012 〔徳島県 吉野川市 4月〕……31
遊《ゆ》子《す》水《みず》荷《が》浦《うら》の段畑 013 〔愛媛県 宇和島市 2月〕……32
串柿の里 014 〔和歌山県 かつらぎ町 11月〕……34
明日香村 015 〔奈良県 明日香村 8月〕……36
象《きさ》潟《かた》の水田と鳥海山 016 〔秋田県 にかほ市 5月〕……38
大玉村より安《あ》達《だ》太《た》良《ら》山《やま》 017 〔福島県 大玉村 10月〕……40
千早赤阪村 018 〔大阪府 千早赤阪村 2月〕……42
朝の仙崎漁港 019 〔山口県 長門市 11月〕……43
日の出とカキ棚 020 〔広島県 廿日市市 4月〕……44

Part 3 神の宿る風景

第2章 光のうつろい

Part 1 夜明けの風景

Part 2 光の風景

Part 3 斜陽の風景

夕日に染まるブナ林 049〔鳥取県 江府町 11月〕……96
栖ヶ崎夕景 050〔三重県 熊野市 11月〕……98
越前海岸のスイセン 051〔福井県 越前町 1月〕……99
利尻島夕景 052〔北海道 豊富町 6月〕……100
曽爾《そに》高原夕景 053〔奈良県 曽爾村 10月〕……102

Part 4
月明かりの風景

幻想富士山 054〔山梨県 山中湖村 12月〕……104
月夜の来島海峡大橋 055〔愛媛県 今治市 8月〕……107
伊根町烏賊釣火《いかつりび》 056〔京都府 伊根町 5月〕……108
月夜の縄文杉 057〔鹿児島県 屋久島町 6月〕……110
月夜の霧ヶ峰 058〔長野県 諏訪市 1月〕……111
弥彦村の満月 059〔新潟県 弥彦村 9月〕……112
雄国沼月明かり 060〔福島県 北塩原村 10月〕……114

第3章 夢幻の中へ

Part 1
彩りの風景

嵐山の紅葉 061〔京都府 京都市 11月〕……116
矢勝川堤のヒガンバナ 062〔愛知県 半田市 9月〕……119
実相寺の桜 063〔山梨県 北杜市 4月〕……120
玉原《たんばら》高原のラベンダー 064〔群馬県 沼田市 7月〕……122
モモとスモモの花畑 065〔山梨県 笛吹市 4月〕……124
霧の磐井川 066〔岩手県 一関市 5月〕……126
ポピー畑と筑波山 067〔茨城県 下妻市 5月〕……128
菜の花畑とアルプス 068〔長野県 白馬村 5月〕……130
黒部峡谷鉄道 069〔富山県 黒部市 7月〕……132
羊山公園の芝桜 070〔埼玉県 秩父市 4月〕……134

Part 2
鳥瞰風景

小安峡の紅葉 071〔秋田県 湯沢市 10月〕……136
雪の天橋立 072〔京都府 宮津市 2月〕……138
鶏頂山遠望 073〔栃木県 日光市 7月〕……140
余呉《よご》湖 074〔滋賀県 長浜市 11月〕……142
虎臥城《とらふすじょう》大橋 075〔兵庫県 朝来市 11月〕……143
キスゲ咲く霧ヶ峰 076〔長野県 諏訪市 7月〕……144
朝陽を浴びる北山崎 077〔岩手県 田野畑村 10月〕……146
紫雲出山《しうでやま》の展望 078〔香川県 三豊市 4月〕……148

Part 3

奇景の風景

阿波の土柱 079 〔徳島県 阿波市 11月〕 …… 150
仏ヶ浦 080 〔青森県 佐井村 8月〕 …… 152
通潤橋《つうじゅんきょう》の放水 081 〔熊本県 山都町 8月〕 …… 154
浮島《ふとう》海岸《かいがん》 082 〔静岡県 西伊豆町 12月〕 …… 156
四国カルスト 083 〔愛媛県 久万高原町 8月〕 …… 158
馬ノ背洞門 084 〔神奈川県 三浦市 10月〕 …… 159
チャツボミゴケ 085 〔群馬県 中之条町 7月〕 …… 160
本山岬 086 〔山口県 山陽小野田市 5月〕 …… 162
平尾台 087 〔福岡県 北九州市 7月〕 …… 164
牛窓 088 〔岡山県 瀬戸内市 11月〕 …… 165
七ツ釜 089 〔佐賀県 唐津市 5月〕 …… 166

Part 4

モノトーン風景

杉の美林 090 〔熊本県 八代市 11月〕 …… 168
斐伊川《ひいかわ》暮色 091 〔島根県 出雲市 6月〕 …… 170
メガネ岩 092 〔千葉県 勝浦市 9月〕 …… 172
窓岩 093 〔石川県 輪島市 10月〕 …… 173
鳥取砂丘 094 〔鳥取県 鳥取市 7月〕 …… 174
雪の奥入瀬渓流 095 〔青森県 十和田市 2月〕 …… 176
朝の御射鹿池《みしゃがいけ》 096 〔長野県 茅野市 6月〕 …… 178
曽木の滝 097 〔鹿児島県 伊佐市 7月〕 …… 180
内海湾と瀬戸内海 098 〔香川県 小豆島町 11月〕 …… 182
朝の山並みと太平洋 099 〔岩手県 大槌町 10月〕 …… 184
霧の曽原湖 100 〔福島県 北塩原村 6月〕 …… 186

おわりに 素晴らしい情景に出会った感動が忘れられない思い出となる …… 188

見たい風景が探せる 索引 …… 190

『日本の絶景、癒しの旅100』掲載スポット一覧

001 **西の湖夕景**（滋賀県近江八幡市）
002 **赤そばの花畑**（長野県箕輪町）
003 **由布川峡谷**（大分県由布市）
004 **奥多摩湖畔の桜**（東京都奥多摩町）
005 **赤目四十八滝 荷担滝**（三重県名張市）
006 **四万十川**（高知県四万十市）
007 **ノゾリキスゲ咲く野反湖**（群馬県中之条町）
008 **底地ビーチ**（沖縄県石垣市）
009 **蔵王の樹氷と太陽**（山形県山形市）
010 **雪の白川郷**（岐阜県白川村）
011 **かやぶきの里**（京都府南丹市）
012 **石積みの集落**（徳島県吉野川市）
013 **遊子水荷浦の段畑**（愛媛県宇和島市）
014 **串柿の里**（和歌山県かつらぎ町）
015 **明日香村**（奈良県明日香村）

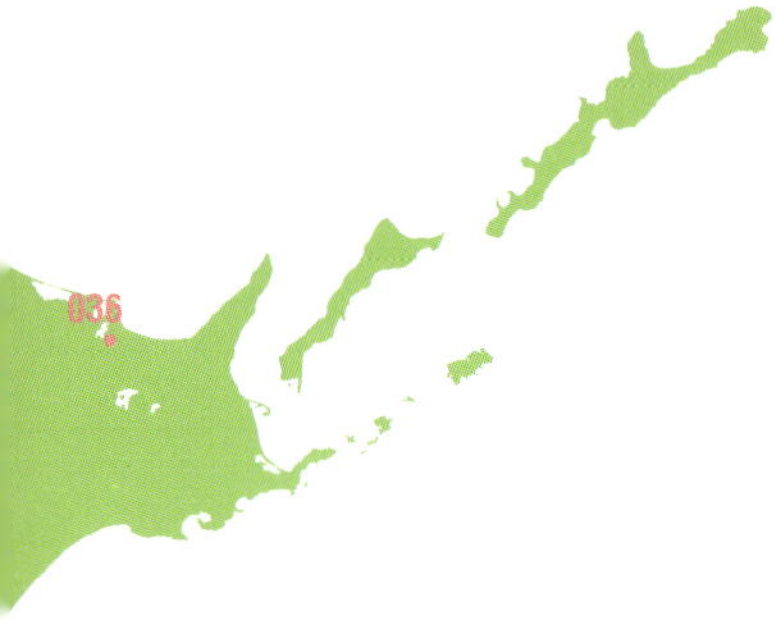

016 **象潟の水田と鳥海山**（秋田県にかほ市）
017 **大玉村より安達太良山**（福島県大玉村）
018 **千早赤阪村**（大阪府千早赤阪村）
019 **朝の仙崎漁港**（山口県長門市）
020 **日の出とカキ棚**（広島県廿日市市）
021 **国見ヶ丘より高千穂の夜明け**（宮崎県高千穂町）
022 **経島**（島根県出雲市）
023 **鍋ヶ滝**（熊本県小国町）
024 **三春の滝桜**（福島県三春町）
025 **朝の月山弥陀ヶ原より月山**（山形県庄内町）
026 **十二湖**（青森県深浦町）
027 **夫婦滝**（熊本県南小国町）
028 **竹田城跡**（兵庫県朝来市）
029 **戸隠杉並木**（長野県長野市）
030 **陸中海岸浄土ヶ浜**（岩手県宮古市）
031 **鳥海山と朝焼け雲**（山形県酒田市）
032 **遠山桜**（熊本県あさぎり町）
033 **美ヶ原より雲上の浅間山**（長野県上田市）
034 **北上川の朝**（岩手県金ケ崎町）
035 **朝の菊池渓谷**（熊本県菊池市）
036 **オホーツクの流氷と朝日**（北海道網走市）
037 **八甲田山萱野高原**（青森県青森市）
038 **神島**（和歌山県田辺市）
039 **阿蘇草千里**（熊本県阿蘇市）

040 **光る海松島**（宮城県松島町）
041 **美瑛のヒマワリ畑**（北海道美瑛町）
042 **称名滝と虹**（富山県立山町）
043 **浦富海岸**（鳥取県岩美町）
044 **志賀高原木戸池**（長野県山ノ内町）
045 **ダイヤモンド富士**（山梨県山中湖村）
046 **宍道湖夕景**（島根県松江市）
047 **田代平湿原のワタスゲ**（青森県青森市）
048 **角力灘夕景**（長崎県長崎市）
049 **夕日に染まるブナ林**（鳥取県江府町）
050 **楯ヶ崎夕景**（三重県熊野市）
051 **越前海岸のスイセン**（福井県越前町）
052 **利尻島夕景**（北海道豊富町）
053 **曽爾高原夕景**（奈良県曽爾村）
054 **幻想富士山**（山梨県山中湖村）

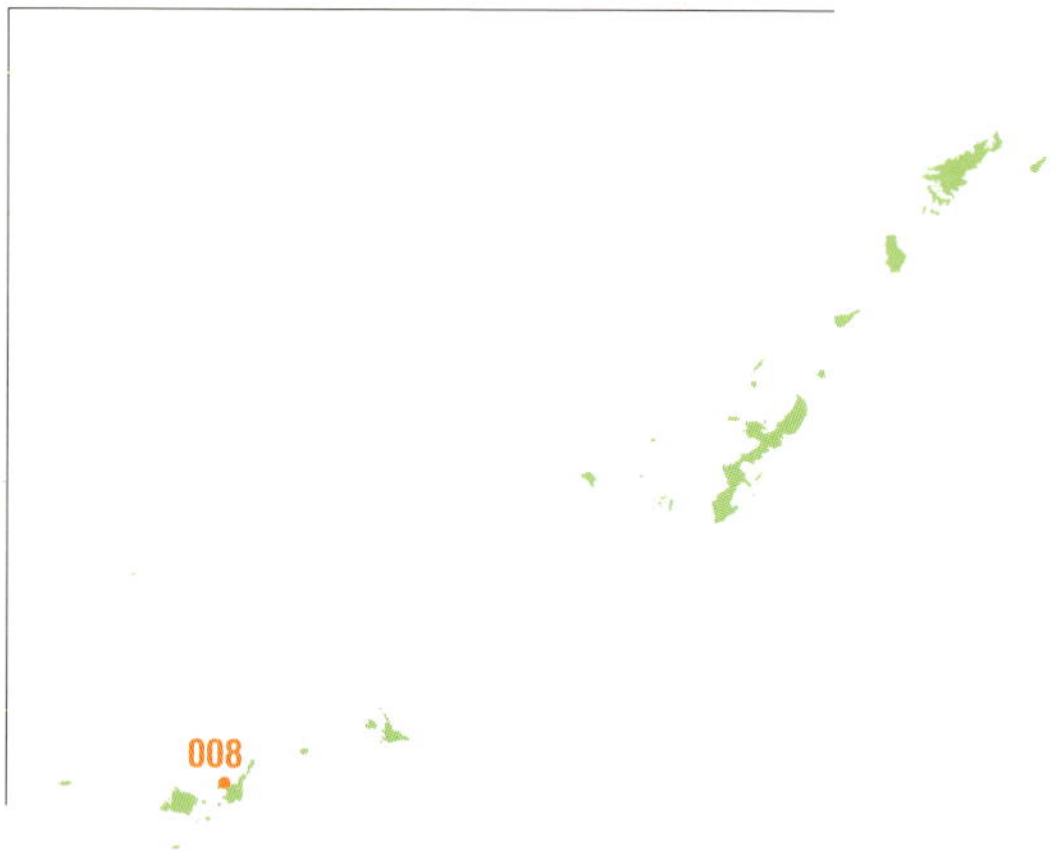

055 **月夜の来島海峡大橋**（愛媛県今治市）
056 **伊根町烏賊釣火**（京都府伊根町）
057 **月夜の縄文杉**（鹿児島県屋久島町）
058 **月夜の霧ケ峰**（長野県諏訪市）
059 **弥彦村の満月**（新潟県弥彦村）
060 **雄国沼月明かり**（福島県北塩原村）
061 **嵐山の紅葉**（京都府京都市）
062 **矢勝川堤のヒガンバナ**（愛知県半田市）
063 **実相寺の桜**（山梨県北杜市）
064 **玉原高原のラベンダー**（群馬県沼田市）
065 **モモとスモモの花畑**（山梨県笛吹市）
066 **霧の磐井川**（岩手県一関市）
067 **ポピー畑と筑波山**（茨城県下妻市）
068 **菜の花畑とアルプス**（長野県白馬村）
069 **黒部峡谷鉄道**（富山県黒部市）
070 **羊山公園の芝桜**（埼玉県秩父市）
071 **小安峡の紅葉**（秋田県湯沢市）
072 **雪の天橋立**（京都府宮津市）
073 **鶏頂山遠望**（栃木県日光市）
074 **余呉湖**（滋賀県長浜市）
075 **虎臥城大橋**（兵庫県朝来市）
076 **キスゲ咲く霧ケ峰**（長野県諏訪市）
077 **朝陽を浴びる北山崎**（岩手県田野畑村）
078 **紫雲出山の展望**（香川県三豊市）
079 **阿波の土柱**（徳島県阿波市）

080 **仏ケ浦**（青森県佐井村）
081 **通潤橋の放水**（熊本県山都町）
082 **浮島海岸**（静岡県西伊豆町）
083 **四国カルスト**（愛媛県久万高原町）
084 **馬ノ背洞門**（神奈川県三浦市）
085 **チャツボミゴケ**（群馬県中之条町）
086 **本山岬**（山口県山陽小野田市）
087 **平尾台**（福岡県北九州市）
088 **牛窓**（岡山県瀬戸内市）
089 **七ツ釜**（佐賀県唐津市）
090 **杉の美林**（熊本県八代市）
091 **斐伊川暮色**（島根県出雲市）
092 **メガネ岩**（千葉県勝浦市）
093 **窓岩**（石川県輪島市）
094 **鳥取砂丘**（鳥取県鳥取市）
095 **雪の奥入瀬渓流**（青森県十和田市）
096 **朝の御射鹿池**（長野県茅野市）
097 **曽木の滝**（鹿児島県伊佐市）
098 **内海湾と瀬戸内海**（香川県小豆島町）
099 **朝の山並みと太平洋**（岩手県大槌町）
100 **霧の曽原湖**（福島県北塩原村）

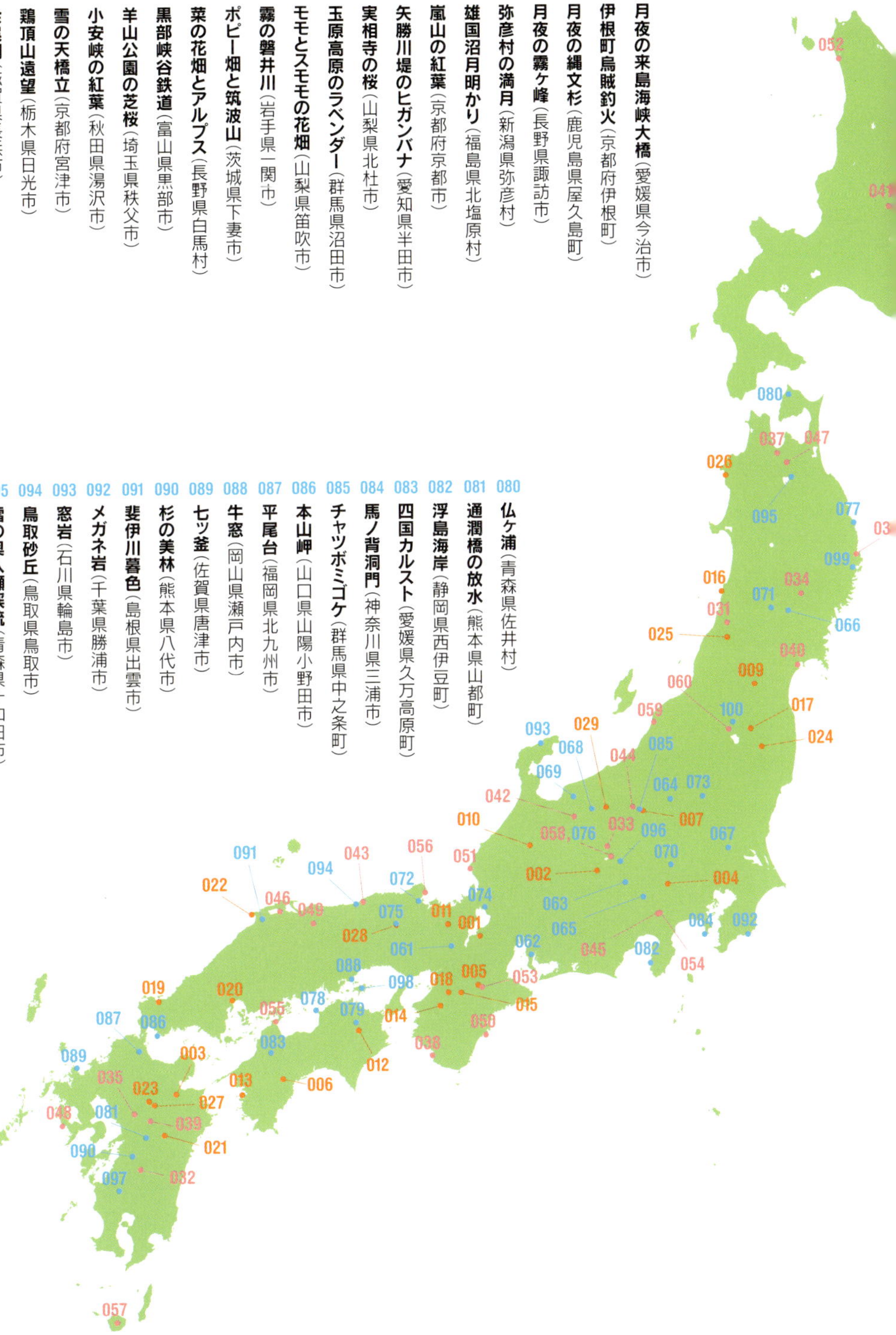

本書の見方

本書は、風景写真家の富田文雄、山梨勝弘両氏が、日本各地で撮影した、選りすぐりの絶景写真を集めました。47都道府県からそれぞれ1か所以上、全100スポットの絶景を掲載しています。

撮影場所と撮影月

メイン写真の撮影場所と撮影月です。撮影場所は、市内の場合には町名まで、村・町の場合には郡も記載しています。

サブ写真

メイン写真の付近にある、ぜひ足を延ばして見てほしい風景です。また季節や時間帯、見る角度を変えた景色も掲載しています。メイン写真の別の表情も楽しんでください。

メイン写真

ぜひ一度は見ていただきたい、風景写真家が厳選した日本各地の絶景です。

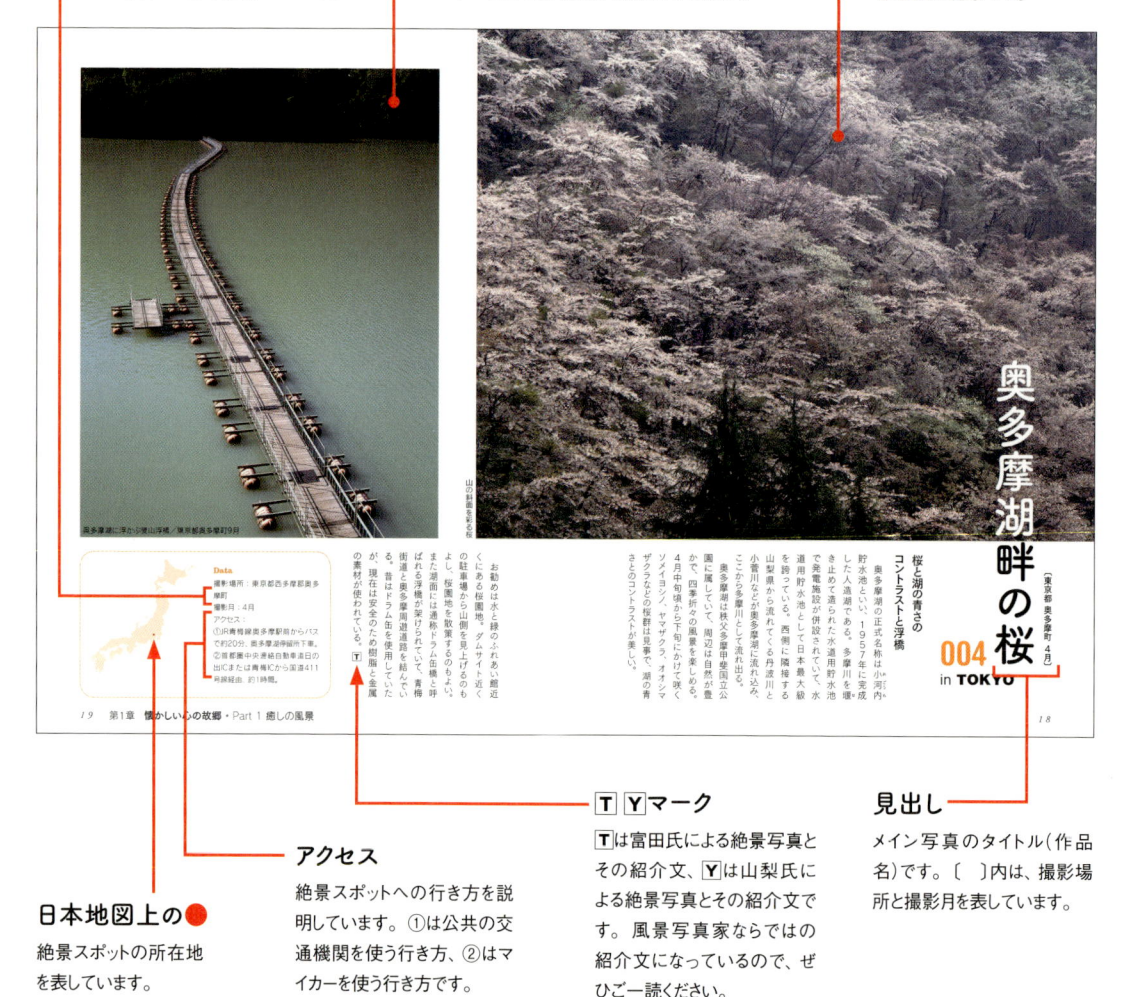

日本地図上の●

絶景スポットの所在地を表しています。

アクセス

絶景スポットへの行き方を説明しています。①は公共の交通機関を使う行き方、②はマイカーを使う行き方です。

T Y マーク

Tは富田氏による絶景写真とその紹介文、Yは山梨氏による絶景写真とその紹介文です。風景写真家ならではの紹介文になっているので、ぜひご一読ください。

見出し

メイン写真のタイトル（作品名）です。〔 〕内は、撮影場所と撮影月を表しています。

※本書に記載している情報は、2014年7月現在のものです。現地の状況によって、変更されることがありますので、あらかじめご了承ください。

第1章

懐かしい心の故郷

静かな水辺や一面に広がる花畑などの心癒される風景、山里や田園などの懐かしい風景、神秘的な雲海や湖などの神々しい風景を集めた。いずれも一度は眺めてほしい日本人の心の原風景だ。

Part 1
癒しの風景

西の湖夕景

〔滋賀県 近江八幡市 11月〕

001
in SHIGA

水面に映る比叡連山
ヨシ茂る水郷、西の湖

　私は秋の九州、四国や京都の取材の帰りに必ず琵琶湖の湖東三山（百済寺・金剛輪寺・西明寺）に立ち寄る。どの寺院も庭園や塔などに趣があり、実に紅葉が鮮やかで素晴らしいからだ。

　琵琶湖東岸、安土山の西に位置する琵琶湖の内湖である西の湖の一帯は広大なヨシ原が広がり、冬場には西の湖の風物詩であるヨシ刈りが行われる。また、近江八幡の水郷は琵琶湖八景の一つに数えられ、水郷めぐりの屋形船が狭い水路を長閑《のどか》に行き交う光景は、近江八幡の代表的な風景だ。

　西の湖の夕日撮影は初体験だったので、日が西に傾く頃、まずはロケハン。湖東岸の狭い農道を走り、車窓から景色を確認するが、なかなかイメージに合った場所がない。仕方なくそれらしい地点に車を置き、ヨシをかき分け湖畔を目指す。

　ようやく見つけた撮影場所は、眼前に黒く横たわる比叡連山が水面に影を落とし、ねぐらを目指す鳥が夕焼け空を三々五々過ぎっていった。Y

広大なヨシ原を包み込む静寂な夕暮れ

桜と彦根城／滋賀県彦根市4月

Data

撮影場所：滋賀県近江八幡市安土町
撮影月：11月
アクセス：
①JR琵琶湖線安土駅から3.5km、徒歩50分。
②名神高速道路八日市ICから国道421号線で安土町経由13km、20分。

百済寺参道／滋賀県東近江市11月

赤そばの花畑

〔長野県 箕輪町 9月〕

002 in NAGANO

赤い絨毯を敷き詰めたような赤そば畑

９月の下旬、赤そばの花が咲き誇っていると聞き、長野県箕輪町の西部にある、赤そばの里を訪ねた。前日の夜から行き、近くの駐車場で車中泊。朝陽に輝く赤そばの花畑を撮影するのが目的だ。

普通そばの花というと、白い花を思い起こすが、ここは赤い花を咲かせるそばを栽培している。赤そばは高嶺《たかね》ルビーという品種で、ヒマラヤの標高約３８００ｍのところから日本に持ち帰られ、品種改良をして栽培されたという。一般のそばより背丈は低く、痩せた土地でも栽培できる。

夜明け前に起きて赤そばの花畑へ行き、日の出の位置をコンパスで確認して日の出を待つ。日の出の時は晴れていたが、太陽の方向に雲があり、朝の光では撮影ができなかった。後に雲もなくなり、空一面の青空になった。赤い絨毯を敷き詰めたような広大な赤そば畑と、綺麗な青空とのコントラストを表現してみた。T

Data

撮影場所：長野県上伊那郡箕輪町
撮影月：9月
アクセス：
①JR飯田線伊那松島駅からタクシーで約10分。
②中央自動車道伊北ICから国道153号線、伊那西部広域農道から県道203号線経由、約10分。

広大な大地を赤く染める赤そばの花畑

水とコケが織り成す幽玄の世界

朝もや立ち昇る金鱗湖／
大分県由布市
11月

飛沫散る峡谷／大分県由布市8月

由布川峡谷

〔大分県 由布市 8月〕

003 in OITA

Data

撮影場所：大分県由布市挟間町
撮影月：8月
アクセス：
①JR久大本線向之原（むかいのはる）駅から猿渡り入り口までタクシーで15分。
②大分自動車道別府ICから県道11号線、県道52号線で11.4km、17分。

苔むした岩肌が艶《なまめ》かしいしっとり濡れた幽玄の世界

大分県の湯布院温泉は歓楽的な雰囲気がなく、清楚で落ち着いた印象の温泉地だ。また盆地の田園の中に宿が点在しているのも景観的によい。見所は金鱗湖《きんりんこ》と阿蘇方面に向かうやまなみハイウェイの蛇《じゃ》越峠《こしとうげ》。金鱗湖はこぢんまりとして、朝の散歩には最適な湖だ。湖畔に面した無人の公衆浴場「下ん湯」は茅葺屋根の風情ある湯なので、ぜひ立ち寄るといい。

蛇越峠からは由布院盆地と由布岳が一望できる。お勧めは秋の早朝。湯布院温泉街を覆う雲海の上に流麗な由布岳が見られる。

湯布院温泉の南東に位置する由布川峡谷は垂直に切り立った峡谷で、その苔むした岩肌はしっとり濡れて滑らかな曲線を描き、どことなく艶かしさを感じる。

峡谷の探索は猿渡り売店から入るのがいい。急な階段を30mほど下ると、そこは幽玄の世界だ。両側から迫る岩壁に幾重もの水が滴り落ちてくる。Y

奥多摩湖畔の桜

〔東京都 奥多摩町 4月〕

004 in TOKYO

桜と湖の青さのコントラストと浮橋

奥多摩湖の正式名称は小河内《おごうち》貯水池といい、１９５７年に完成した人造湖である。多摩川を堰《せ》き止めて造られた水道用貯水池で発電施設が併設されていて、水道用貯水池として日本最大級を誇っている。西側に隣接する山梨県から流れてくる丹波川と小菅川などが奥多摩湖に流れ込み、ここから多摩川として流れ出る。

奥多摩湖は秩父多摩甲斐国立公園に属していて、周辺は自然が豊かで、四季折々の風景を楽しめる。4月中旬頃から下旬にかけて咲くソメイヨシノ、ヤマザクラ、オオシマザクラなどの桜群は見事で、湖の青さとのコントラストが美しい。

奥多摩湖に浮かぶ麦山浮橋／東京都奥多摩町9月

山の斜面を彩る桜

お勧めは水と緑のふれあい館近くにある桜園地。ダムサイト近くの駐車場から山側を見上げるのもよし、桜園地を散策するのもよい。また湖面には通称ドラム缶橋と呼ばれる浮橋が架けられていて、青梅街道と奥多摩周遊道路を結んでいる。昔はドラム缶を使用していたが、現在は安全のため樹脂と金属の素材が使われている。T

Data

撮影場所：東京都西多摩郡奥多摩町

撮影月：4月

アクセス：

①JR青梅線奥多摩駅前からバスで約20分、奥多摩湖停留所下車。

②首都圏中央連絡自動車道日の出ICまたは青梅ICから国道411号線経由、約1時間。

二手に分かれて落下する荷担滝

赤目四十八滝 荷《に》担《ない》滝《だき》

〔三重県 名張市 5月〕

005 in **MIE**

幾筋もの白い流れを描く 赤目五瀑の一つ荷担滝

三重県の中西部、奈良県との県境に位置する赤目四十八滝の渓谷は、生きている化石といわれ、世界最大級の両生類であるオオサンショウウオの生息地だ。

入り口の日本サンショウウオセンターで入山料３００円を払い、約４㎞の渓谷へと足を踏み入れる。赤目四十八滝には赤目五瀑と呼ばれる代表的な五つの滝がある。最初に現れるのが豪快な流れの不動滝、そして千手滝と布曳滝と続く。布曳滝は滑らかな岩肌に白い布を下げたような優しい印象の滝だ。ここまで入り口から約１㎞。撮影しながら40分経過していた。

赤目四十八滝でもっとも代表的なのが、ここから約２㎞先の荷担滝。中央の大岩を挟むように流れ落ちる二筋の滝は、幾段もの岩を打ちながら幾筋もの白い流れを描き緑の滝壺に溶けていく。バランスの取れた美しい滝だ。ここまで鑑賞しながら1時間半。この先の琵琶滝を入れると五瀑となる。Y

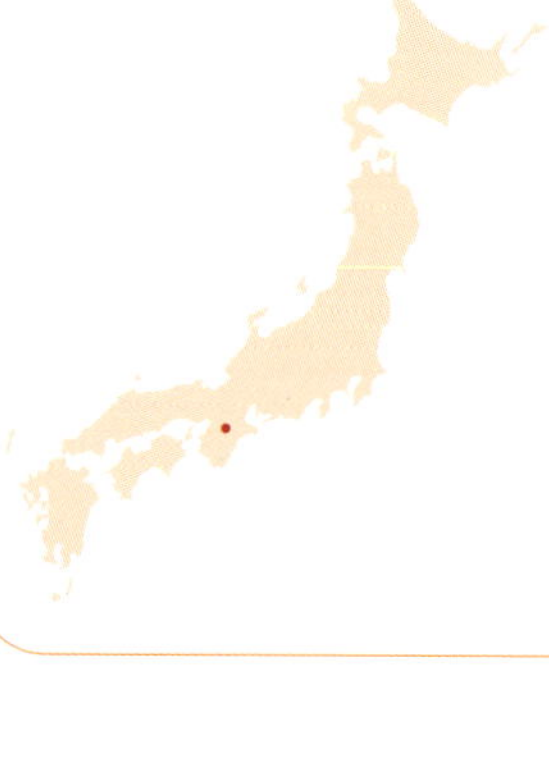

Data

撮影場所：三重県名張市赤目町

撮影月：5月

アクセス：

①近鉄大阪線で赤目口駅下車、三重交通バスで10分。

②伊勢自動車道久居ICから国道165号線、県道81号線で50km、1時間20分。

006 四万十川〔高知県四万十市 9月〕in KOCHI

川漁盛んな最後の清流

四国最長の大河〝最後の清流〟四万十川

高知県の西部に位置する四万十川は全長196㎞、四国最長の大河である。この流域に架かる橋は「沈下橋《ちんかばし》」と呼ばれ、台風などの大雨で川の水位が上昇した時に、流木などで橋が崩壊することを防ぐために水没する構造になっている。

現在、四万十川の本流には22の沈下橋があり、その代表的なものが佐田と岩間の沈下橋だ。

最後の清流と呼ばれる四万十川では、今でも独特の方法で漁が行われている。柴漬け漁は束ねた枝を川に沈め、枝の隙間に入ったウナギやエビを捕る漁で、ゴリガラ曳きは紐に括りつけたサザエなどの貝殻を川底で曳き、ゴリ(ハゼ科の稚魚)を網に追い込む漁だ。

四万十川の源流を見たくて津野町の不入山へ向かう。源流の駐車場から徒歩20分。苔むした岩間をすり抜けて流れる一筋の清水があの大河の源かと、下流の長閑《のどか》な景色に思いを馳せる。Y

Data

撮影場所：高知県四万十市
撮影月：9月
アクセス：
①土佐くろしお鉄道宿毛線中村駅からタクシーで20分。
②四万十市街から国道441号線で約15km、20分。

佐田の沈下橋／高知県四万十市9月

ノゾリキスゲ咲く野反湖《のぞりこ》

【群馬県 中之条町 7月】

007 in GUNMA

そよ風に揺れるノゾリキスゲと野反湖

　野反湖は群馬県北部と長野県・新潟県の県境、周りを2000m級の山に囲まれた、標高約1500mの所にある。周囲は約12km、水深25mで、上信越高原国立公園の特別地域に指定されている。

　野反湖は信濃川水系中津川に建設された野反ダムのことで、ダム湖であるが自然につくられた湖にも見える。国道405号線の終点が野反湖で、7月上旬から7月下旬には、野反湖を一望できる富士見峠付近にノゾリキスゲの群落が咲き乱れ、観光客やハイカーの目を楽しませてくれる。ノゾリキスゲの学名はニッコウキスゲだが、地元ではノゾリキスゲと呼ばれ親しまれている。

　ノゾリキスゲと野反湖を撮影するため、明日は天気がよいという前日、野反湖畔で車中泊をして朝を待つ。予報通り天気はよく、ノゾリキスゲの群落にアザミの花などが混じり、そよ風に揺られ長閑な風景を見せてくれた。また6月中旬から7月上旬には、レンゲツツジの群落が見られる。T

Data

撮影場所：群馬県吾妻郡中之条町

撮影月：7月

アクセス：

①JR長野原草津口駅からバスで野反湖へ約1時間。

②関越自動車道渋川伊香保ICから国道17号線、353号線、145号線、292号線、405号線経由73km、約2時間。

高原の湖を見下ろすキスゲの群落

夏の品木ダム（上州湯の湖）／群馬県中之条町7月

008 底《すく》地《じ》ビーチ in OKINAWA

〔沖縄県 石垣市 7月〕

どこまでも続く白い砂浜と透明なマリンブルー

沖縄本島の南西約410㎞に位置する石垣島。2013年3月、新石垣空港が開港して東京や大阪から直行便が飛ぶようになった。

底地ビーチは石垣市の北に突き出た半島の西に広がるビーチだ。

半島の付け根にある川平《かびら》湾は石垣島一の観光スポット。湾の入り口に大小の島が防波堤のように横たわっており、真っ白な砂浜が続く湾内は波穏やかで、透明なマリンブルーのグラデーションがなんともいえぬ美しい入り江だ。湾を見下ろす高台に立つと、黒真珠の養殖筏とブイが規則正しく並んでいる光景を見ることができる。

川平湾の北西約2㎞ほどの所に弓なりの底地ビーチがある。梅雨明けして間もない7月初旬、ビーチは人影もまばらで静まり返っていた。どこまでも続く遠浅の浜は、砂のきめが細かく、足裏に心地よい感触を与えてくれる。ここは夕日の名所である。日没間近、浜辺に座るカップルの影があった。 Y

川平湾／沖縄県石垣市7月

美しい遠浅の海と青い空

Data

撮影場所：沖縄県石垣市

撮影月：7月

アクセス：

①石垣市内からタクシーで30分。

②石垣市内から県道79号線経由、県道207号線で20km、30分。

ヤエヤマヤシ／沖縄県石垣市7月

眩しい太陽に浮かぶシルエットの樹氷林

刈田嶺神社／宮城県七ヶ宿町7月

蔵王の御釜／宮城県蔵王町7月

蔵王の樹氷と太陽

〔山形県 山形市 2月〕

009 in YAMAGATA

どっしりとした樹氷群は アオモリトドマツの森

2月下旬、蔵王の樹氷が見頃を迎えたという情報を得て山形に向かう。山麓駅で地蔵山頂駅までの往復チケットを購入し、朝一のロープウェイで樹氷高原駅へ。

その一帯はダケカンバやブナの広葉樹が多く、霧氷がよく見られる。今日は快晴、細い枝先まで真っ白な霧氷をまとった樹々が青空にまぶしく映えていた。

ロープウェイを乗り継ぎ地蔵山頂駅へ。眼下に、先ほどの霧氷とは違い、どっしりとした巨体の樹氷群が目に飛び込んできた。狭いコースのザンゲ坂を鮮やかなウェアのス

キーヤーが壮快に滑っている。山頂駅は目の前だ。駅舎の屋上展望台に立つと、地蔵山麓に生息するアオモリトドマツの森が見事にモンスターと化している全容が容易に一望できた。

樹氷原を散策した後は、蔵王温泉の下湯共同浴場に立ち寄るとよい。山小屋風の建物と木の四角い湯船にどこか懐かしさを覚えるはずだ。**Y**

Data

撮影場所：山形県山形市

撮影月：2月

アクセス：

①山形新幹線山形駅から蔵王温泉行きバスで40分。

②山形自動車道山形蔵王ICから国道13号線で17.5km、30分。

Part 2
懐かしの風景

雪の白川郷

〔岐阜県 白川村 12月〕

010 in GIFU

世界遺産の白川郷
雪に埋もれる合掌造り

　半世紀前まで冬の五箇山は陸の孤島だった。１９６６年、西赤尾の岩瀬家を取材するため、春の雪解けを待って富山県の城端からバスで細尾峠を経由して五箇山に入った。加賀藩の火薬原料を極秘で製造していた五箇山は、相倉や菅沼の合掌集落がそのまま今に残る素朴な山里の村だ。岩瀬家の取材を終えて、庄川沿いを遡って白川郷へと足を延ばす。

　１９９５年に五箇山と共に世界遺産に登録された岐阜県の白川郷。その後、内外からの多くの観光客が押し寄せ、今は当時の静寂

白川郷の合掌集落／岐阜県白川村5月

白川郷・合掌集落と白山連峰／岐阜県白川村5月

屋根裏（民家園）／岐阜県白川村5月

平家の伝説が伝わる合掌の里

さはまったくなくなってしまった。

白川郷は四季それぞれに魅力のある町だ。初夏、集落の水田に影を落とす合掌造りと残雪の白山連峰、秋の紅葉、そしてなんといっても雪深い地は冬が一番。合掌造りの屋根が急勾配なのが納得できる。

白川郷の絶景ポイントは荻町城跡の展望台だ。眼下に和田家と合掌集落、彼方に加賀の白山が望める。Y

Data

撮影場所：岐阜県大野郡白川村

撮影月：12月

アクセス：

①JR金沢駅から濃飛バス白川郷行きで1時間15分。

②東海北陸自動車道飛騨清見ICから白川郷IC下車、国道156号線ですぐ。

懐かしさがしのばれる日本の原風景

かやぶきの里

〔京都府 南丹市 4月〕

011 in KYOTO

入母屋造りの茅葺屋根
お地蔵様が出迎える山里

京都市と福井県の小浜市を結ぶ国道162号線沿いに「かやぶきの里」として有名な美山町がある。町内を南北に流れる由良川に沿って走る県道38号の美山町北地区に、国の重要伝統的建造物群保存地区に選定されている「かやぶきの里」がある。

京都市内ではそろそろ桜も終わりを迎える4月下旬、山深い美山町ではようやく桜が咲き始める。集落に入るとすぐに赤い郵便ポストとお地蔵様が出迎えてくれる。その奥には入母屋造りのどっしりとした茅葺屋根が折り重なって見える。いきなり強烈な山里の印象を突きつけられた感じだ。

取材を終えた昼過ぎ、車を止めた駐車場の「お食事処きたむら」で地元産のそば粉を石臼でひいた手打ちそばを注文。そばの香ばしさとのど越しが絶妙な一品だ。

一休みして美山町自然文化村河鹿荘の湯で汗を流し、道の駅「美山ふれあい広場」で車中泊した。Y

Data

撮影場所：京都府南丹市美山町
撮影月：4月
アクセス：
①JR京都駅からJRバスで周山へ、そこから南丹市営バスで美山かやぶきの里方面。
②京都縦貫自動車道園部ICから府道19号線、国道162号線で道の駅美山ふれあい広場へ27km、40分。

石積みの集落

〔徳島県 吉野川市 4月〕

012 in TOKUSHIMA

重厚な石積みに咲く芝桜

徳島県のほぼ中央にある吉野川市美郷の大神地区で、一番高い所にある高開集落は、にほんの里１００選に選ばれた石積みの集落だ。山間地を広く利用するため石積みをして平らな土地を増やし、家や畑を造った、約４００年以上前の先人の知恵を、現在住んでいる人達も守っている。

天まで届けと積み上げられた石積みには、城壁を思わせるような重厚さを感じる。４月の中旬には、地元の人達が丹精込めて植えた芝桜が見事に咲き誇り、多くの観光客が訪れる。国道１９３号線から高開集落に行くには、車が一台通れるぐらいの幅の山道しかなく、すれ違いは大変である。

高開集落には４家族５人の方達が住んでいるが、みな高開の姓で仲よく生活している。私が初めて訪れたのは秋。撮影をしていた時に一人の女性に声をかけられ、集落を案内していただき、この芝桜の存在を知った。再び春に訪れ、気に入った撮影ができた。T

Data

撮影場所：徳島県吉野川市

撮影月：4月

アクセス：

①JR阿波山川駅から車で約20分。

②徳島自動車道脇町ICから国道192号線、193号線経由、約20分。

石積みの段々畑を彩る芝桜

幾何学模様が美しい段畑

〔愛媛県 宇和島市 2月〕

遊《ゆ》子《す》水《みず》荷《が》浦《うら》の段畑

013
in EHIME

幾何学模様に緑色が映える段畑

愛媛県宇和島市遊子地区の水荷《みずが》浦《うら》鼻《はな》が宇和島湾に突き出た所に、石を積み上げた幅約1ｍ高さ約1・5ｍほどの段々畑がある。地元の人達が「段畑」と呼ぶ、この畑の歴史は古く江戸時代の終わりからだが、当時は石垣ではなく土で、石垣になったのは明治末から大正にかけてのことらしい。昔はサツマイモや桑などの栽培をしていたが、近年は主にジャガイモ栽培が行われている。

石垣が積み上げられた段畑は、下から見上げるとピラミッドを思わせる。そして上から見ると幾何学模様のように見え、青い海とのコントラストが美しい。2月に段畑を訪れると、ジャガイモ栽培が行われていて、色のない冬の風景の中で、幾何学模様に瑞々しい緑が映えている。

段畑で働いていた土地の方が、ジャガイモ焼酎なども造っているという話を聞かせてくれた。水荷浦の地名は、昔、水が乏しいため生活水を荷《にな》って運んできたことからこの名がついたそうだ。T

ジャガイモの段畑／愛媛県宇和島市2月

段畑の黎明／愛知県宇和島市11月

Data

撮影場所：愛媛県宇和島市
撮影月：2月
アクセス：
①JR宇和島駅からバスで水ヶ浦下車、約60分。
②松山自動車道宇和島北ICから宇和島道路宇和島南IC、県道37号線、345号線経由、約50分。

たわわに実る柿／和歌山県かつらぎ町11月

柿の簾／和歌山県かつらぎ町11月

柿の簾が彩る山里

串柿の里

〔和歌山県 かつらぎ町 11月〕

014 in WAKAYAMA

たわわに実る柿
万葉のロマンあふれる山里

和歌山県の北部に位置するかつらぎ町は、町の中央を紀ノ川が流れるロマンあふれる万葉の里だ。町の東端で紀ノ川を挟んで向き合う背ノ山と妹山は恋の歌として万葉集に多く詠まれている。

かつらぎ町北部の四郷は日本一の柿の産地。四郷とは東谷、平、滝、広口の４つの山村の総称だ。集落の南斜面は冬の日照時間が長く、乾燥した北風が吹き下ろすため、干し柿作りに適している。

曲がりくねった狭い山道を行くと日当たりのよいなだらかな斜面一面に柿がたわわに実っている。庭先

や作業小屋で、どの家も総出で串柿作りに追われていた。

串柿は一本の竹串に、左右に2個、真ん中に6個、計10個の柿が通されている。これは「夫婦にこにこ（左右の2個）、仲睦（中の6個）まじく」という意味があり、正月の縁起物として飾られる。柔らかくて甘いあんぽ柿、風味豊かな柿の葉寿司はお土産に最適だ。 Y

Data

撮影場所：和歌山県伊都郡かつらぎ町

撮影月：11月

アクセス：

①JR和歌山線笠田駅から東谷行きバスで平下車。

②阪和自動車道和歌山ICから国道24号線経由で480号線を平へ38km、1時間。

015 明日香村 in NARA

〔奈良県 明日香村 8月〕

歴史と長閑《のどか》さを感じる集落

奈良県のほぼ中央部に位置する明日香村は、飛鳥時代の史跡が多く発見され、日本で唯一全域が古都保存法対象地域になっている村だ。

明日香村にある標高148mの甘樫丘《あまかしのおか》は、全体が国営飛鳥歴史公園甘樫丘地区となっていて、北側にある甘樫丘展望台に上ると大和三山や橿原市街、はるか南西に金剛山、葛城山、北西に二上山などが望める。東側には明日香村の集落の中にある来迎寺、飛鳥寺、蘇我《そがの》入鹿《いるか》の首塚などが眼下に望め展望の素晴らしい所だ。

私が訪れたのは夏の暑い盛りだった。甘樫丘展望台から東側に見える明日香村は、深緑の山麓に森や田圃、畑に囲まれて、光る瓦屋根が寄り添う中に寺の屋根が一際大きく見え、長閑《のどか》さと歴史を凝縮した風景に見えた。

その他、明日香村では石舞台古墳、ユーモラスな亀石、飛鳥寺の飛鳥大仏、高松塚古墳などもぜひ訪れたい所だ。 T

石舞台古墳／奈良県明日香村10月

蘇我入鹿首塚／奈良県明日香村10月

森に囲まれた
瓦屋根が美しい集落

飛鳥寺／奈良県明日香村10月

Data

撮影場所：奈良県高市郡明日香村
撮影月：8月
アクセス：
①近鉄橿原線橿原神宮前駅から明日香周遊バスで約10分、甘樫丘下車、徒歩15分。
②南阪奈道路から国道165号線、169号線、県道124号線経由、約30分、徒歩15分。

象《きさ》潟《かた》の水田と鳥海山

〔秋田県 にかほ市 5月〕

016 in AKITA

象潟の田園と日本海／秋田県にかほ市7月

夕日の象潟港と鳥海山／秋田県にかほ市5月

霊峰鳥海山の裾に広がる水田地帯と小島

海に浮かぶ島々と鳥海山

秋田県と山形県の県境にほど近い、秋田県側の日本海に面した所に象潟の町がある。江戸時代に松尾芭蕉が『奥の細道』で訪れた東北地方最北の地である。松尾芭蕉が訪れた頃は、大小の島々が海に数多浮かび、宮城県の松島と並ぶ景勝地であった。芭蕉は島々を小舟に乗り渡ったと記されている。

1804年の象潟地震で海底が隆起して陸地化してしまったが、多くの島々が小高い丘になり松の木が生え、以前の面影を残している。その風景は象潟九十九島と呼ばれ、国指定の天然記念物に指定されている。松尾芭蕉は象潟で「象潟や雨に西施《せいし》がねぶの花」という句を残している。

田植えの頃、水が張られた田圃を海にたとえれば、松尾芭蕉が見た海に浮かぶ島々のイメージで撮影ができるのではと考え、水田に水が張られるのを待ち撮影に出かけた。海に浮かぶ島々のような風景が広がり、背景には名峰出羽富士と呼ばれる鳥海山がそびえ立っていた。撮影場所は、道の駅象潟ねむの丘の近くだ。T

Data

撮影場所：秋田県にかほ市象潟町
撮影月：5月
アクセス：
①JR象潟駅からバスで大塩越下車。
②日沿道金浦ICから国道7号線経由、約10分。

あだたらエクスプレス／福島県二本松市10月

大玉村より安《あ》達《だ》太《た》良《ら》山《やま》

〔福島県 大玉村 10月〕

017 in FUKUSHIMA

抜けるような青さ 安達太良山の「ほんとの空」

10月中旬、安達太良山の紅葉を狙う。前日の昼下がり、岳温泉の湯にゆっくりと浸かり鋭気を養う。入浴後、近くの鏡ヶ池公園の駐車場で車中泊。温泉街の肉屋で買った馬刺しを肴《さかな》にビールを飲む。翌早朝、付近を撮影してから、ロープウェイの始発に合わせてあだたら高原スキー場に向かった。

山頂駅から4～5分の所に「この上の空がほんとの空です」という碑があった。高村光太郎の『智恵子抄』の一節をもじったのであろう。当日は本当に抜けるような青い空が広がっていた。碑のすぐ先に薬師丘パ

整然と並ぶわらボッチと
安達太良山

ノラマパークの展望所があり、そこからの眺めは雄大で、眼前に安達太良連山が望めた。

大玉村は福島市の南、二本松市と郡山市の間にあり、安達太良山麓の南側に位置する村だ。安達太良山系から流れる幾筋もの川によってできた扇状地は肥沃なのか、刈り取りが済んだ田に稲藁が整然と並べられていた。Y

Data

撮影場所：福島県安達郡大玉村
撮影月：10月
アクセス：
①東北新幹線郡山駅からJR東北本線二本松駅下車、岳温泉行きバスで途中下車。
②東北自動車道二本松ICから国道459号線で約5km。

千早赤阪村

【大阪府 千早赤阪村 2月】

018 in OSAKA

早春の光を浴びる棚田

大阪府の南東部、奈良県と和歌山県の境に近い所に位置する千早赤阪村は大阪府で唯一の村である。南北朝時代の武将、楠木正成の生誕地としても知られ、大阪府で一番標高の高い金剛山の麓にある。多くの自然が残されていて、下赤阪の棚田もその一つだ。

ある年の早春、中国四国地方の梅の花を追いかけ撮影した帰りに、この時期棚田には花も何もないだろうと期待はしなかったが、天気がよいので下赤阪の棚田に寄ってみた。千早赤阪中学校の生徒達の明るくはしゃぐ声を聞きながら脇を通り棚田に出ると、いくつかの場所で数本から十数本まとまって梅の花が咲いており、早春の暖かい陽をいっぱい浴びて草の緑が映えていた。

期待をしていなかっただけにこの風景を見た時は感激。撮影ポイントを探してあちらこちら歩き回り、全体が見渡せる場所から見た棚田の中の一本の道と赤い屋根が印象的だった。T

Data

撮影場所：大阪府南河内郡千早赤阪村

撮影月：2月

アクセス：

①近鉄長野線富田林駅から金剛バス赤阪中学校前下車、10分。

②南阪奈道路羽曳野ICから国道170号線、309号線、府道705号線経由、約30分。

早春の光と花の輝く棚田

朝の仙崎漁港

〔山口県 長門市 11月〕

019 in YAMAGUCHI

競りを終え、船を洗う漁師

Data

撮影場所：山口県長門市

撮影月：11月

アクセス：

①JR山陰本線仙崎駅下車徒歩すぐ。

②中国自動車道美祢ICから国道316号線で長門へ、そこから県道56号線で仙崎港へ32km、50分。

みすゞの絵と金子文英堂／山口県長門市11月

童謡詩人・金子みすゞの故郷 懐かしき情緒あふれる漁港

山口県萩市の西隣、長門市の北に位置する仙崎。町のすぐ北には海上アルプスと呼ばれる、荒々しい海岸線が連なる、風光明媚な青海島が横たわっている。仙崎は若くしてこの世を去った童謡詩人・金子みすゞの故郷だ。

懐かしさの残る情緒ある町中を歩くと、いたるところで民家の軒先や塀にみすゞの詩が書かれた可愛らしい看板が目に付く。港の広場にはみすゞの胸像とイワシの心情を詠った「大漁」の碑がある。

仙崎は山口県で二番目の漁港。イカやアジ、ウニ、アワビなどが水揚げされ、特にケンサキイカは「仙崎イカ」としてブランド化されている。

今日の仕事を終え、長門湯本温泉へ。いつも行く公衆浴場の「恩湯」は、音信川沿いに建つ趣のある造りで、重厚な石の湯船が気に入っている。入浴後仙崎に戻り、あらかじめ市場で買い求めておいた仙崎かまぼこと刺身を食す。Y

日の出とカキ棚

〔広島県 廿日市市 4月〕

020 in HIROSHIMA

桜咲く安芸《あき》の宮島
朝陽に浮かぶカキ棚の影

山口県との県境に近い廿日市市《はつかいちし》。瀬戸内海に面し、目の前には安芸の宮島が悠然と横たわっている。

世界遺産の厳島《いつくしま》神社が鎮座している宮島へは宮島口から船で渡る。４月初旬、宮島の桜を撮るため、薄暗いうちに山口県岩国の錦帯橋から宮島口に向かう。思ったより早く、日の出前に到着した。

厳島神社は背後に標高５３５メートルの世界遺産・弥山《みせん》が立ちはだかっているので、太陽が高くならないと撮影しづらい。

以前にもカキ棚と日の出を撮影したことがあるポイントへ直行す

厳島神社・大鳥居／広島県廿日市市11月

桜と宮島五重塔／広島県廿日市市4月

引き潮時に浮かぶカキ棚の列

る。防波堤に上り日の出を待つ。今朝は運よく引き潮で、カキ棚の形状がよくわかる。ただ東の空に雲があったのでちょっと気掛かり。午前6時、宮島の左後方の山から太陽が顔を出した。期待していた以上の日の出に大満足。

気分をよくしてフェリーで宮島に渡る。天気もよく、桜も満開。夜のビールが実に美味かった。Y

Data

撮影場所：広島県廿日市市
撮影月：4月
アクセス：
①広島駅からJR山陽本線岩国方面行きで阿品駅下車。
②広島岩国道路廿日市ICから国道2号線を宮島口方面へ約3km、阿品付近。

Part 3
神の宿る風景

国見ヶ丘より 高千穂の夜明け

〔宮崎県 高千穂町 11月〕

021
in MIYAZAKI

神話と伝説があふれる ロマンの町

宮崎県の北西部に位置する高千穂町は、周囲を九州山地の山々に囲まれた盆地で、隣接する熊本県阿蘇地方とは国道２１８号線と３２５号線で結ばれている。道の駅高千穂がある国道２１８号線から県道２０３号線に入ると標高５１３ｍの国見ヶ丘がある。丘の展望台に立つと東に高千穂の峰々、北西に釈迦の寝姿に似た阿蘇五岳を望むことができる。

11月中旬、よく晴れた底冷えのする朝だった。国見ヶ丘の駐車場から徒歩で３〜４分の展望台に向かう。夜と朝の狭間で、東の山の端が茜色の帯の中に浮かび上がっている。眼下には分厚い雲海が高千穂の町を覆っていた。「今日の雲海は最高だ」。地元のカメラマンの声が暗がりから流れてくる。高まる気持ちを抑えながらシャッターを切り始める。

高千穂峡は柱状節理の岸壁が両岸から迫る峡谷で、優美な真名井の滝が景観に花を添えている。Ｙ

雲海に沈む高千穂の町

夕暮れの高千穂の村／宮崎県高千穂町11月

真名井の滝／宮崎県高千穂町11月

Data

撮影場所：宮崎県西臼杵郡高千穂町
撮影月：11月
アクセス：
①JR延岡駅から宮崎交通で高千穂バスセンターまで1時間19分。高千穂バスセンターからタクシーで15分。徒歩約5分。
②高千穂町役場から国道218号線、県道203号線で国見ヶ丘へ5.3km、10分。

022 経島《ふみしま》 in SHIMANE

【島根県 出雲市 4月】

出雲の海に浮かぶ ウミネコが乱舞する神域

島根県の北部、宍道湖《しんじこ》の西に位置する出雲市。神無月《かんなづき》の10月は全国の八百万《やおよろず》の神が会議のために出雲大社に集まるので、ここ出雲では10月を神在月《かみありづき》という。

出雲大社の北西端に日御碕がある。岬の付け根に鎮座する朱塗りの日御碕神社は県道29号線からその全容を見下ろすことができる。

白亜の日御碕灯台は高さ日本一。緑豊かな松林を抜け、遊歩道が続く柱状節理の荒々しい海岸線から灯台を見上げる光景は迫力がある。灯台周辺から眺める日本海に沈む夕日は、国造りの神話に思いを馳せると神々しさが感じられる。

経島は日御碕の沖、100mに浮かぶ二つの島。島は日御碕神社の神域なので、一般の人の上陸は禁止されている。また、ウミネコの繁殖地として国の天然記念物に指定されている。11月下旬、北からウミネコが飛来し、初夏には雛も加わって、この小さな経島はウミネコで埋め尽くされる。Y

Data

撮影場所：島根県出雲市大社町
撮影月：4月
アクセス：
①JR出雲市駅から一畑バス日御碕行きで45分、日御碕下車。徒歩5分。
②山陰自動車道出雲ICから国道431号線を出雲大社方面へ、そこから県道29号線を日御碕へ18km、徒歩7分。

朝陽と出雲大社／島根県出雲市4月

春にはウミネコで賑わう経島

右側から見た鍋ヶ滝／熊本県小国町7月

裏側から見た鍋ヶ滝／熊本県小国町7月

そよ風に揺れる
レースのカーテンのような滝

023 鍋ヶ滝 〔熊本県 小国町 7月〕

in KUMAMOTO

レースのカーテンを引いたような滝

熊本県小国町にある鍋ヶ滝は、落差約10m、幅約20mで、滝の裏側は岩が大きくえぐられているために通ることができ、裏側からも見られる裏見の滝である。道の駅小国がある国道387号線と国道212号線が交わる交差点から、国道387号線を西方の菊池市方面へ向かい、坂本善三美術館の先を看板に沿い曲がると鍋ヶ滝の駐車場に着く。

駐車場から500mほど杉林の中の遊歩道を歩くと、滝の音と共に鍋ヶ滝が見えてくる。前日から降り続く雨で水量は多かった。まず滝の右岸から撮影。遊歩道が少々

高い位置にあり、滝の中間ほどの高さから撮影ができる。

続いて滝の裏側に回り、滝簾越しに緑の木々の神秘的な風景を撮影。滝の左岸は滝の近くに寄れ、低い位置から撮影できて迫力がある。そして正面は、まさにレースのカーテンを引いたような滝だ。撮影が終わる頃には、昨日から降り続いた雨も小ぬか雨になっていた。 T

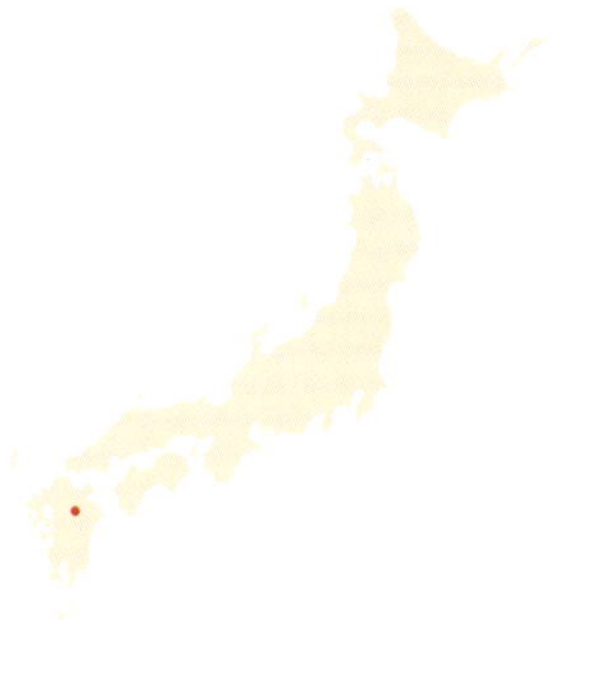

Data

撮影場所：熊本県阿蘇郡小国町

撮影月：7月

アクセス：

①JR阿蘇駅から産交バス杖立温泉行きで60分、ゆうステーション下車、タクシーで15分。

②大分自動車道九重ICから国道210号線、387号線経由、約50分。

三春の滝桜
〔福島県 三春町 4月〕

024 in FUKUSHIMA

多彩な彩りのある滝桜

毎年30万人もの観光客が訪れる、福島県三春町の三春の滝桜はあまりにも有名だ。推定樹齢は1000年を超え、樹高13・5m、根回り11・3m、幹回り8・1m。日本有数の巨樹であり、近くで見ると圧巻である。

樹種は紅枝垂桜。四方に広げた枝から花が流れ落ちる滝のように咲くので、滝桜の名前がついた。国の天然記念物に指定されていて、4月の中旬から下旬が見頃になる。滝桜のシーズン中は朝早くから多くの写真愛好家や観光客が訪れるので、人物が目立たないように撮影するには早めに撮影しなくてはならない。しかし早すぎると光線の具合などの問題があるので、早ければよいというものではない。

私が撮影した年は滝桜の脇に菜の花畑があり、彩りを添えてくれていた。これはありがたかった。桜のピンク、空の青、草の緑に菜の花の黄色が加わって色の変化がつき、さらに菜の花で人々を隠せる。多彩な彩りで、カラー写真向きであった。滝桜開花期のみ、JR三春駅から臨時バス滝桜号(有料)が運行される。T

Data

撮影場所：福島県田村郡三春町

撮影月：4月

アクセス：

①JR三春駅からバスで滝桜下車、徒歩約20分。

②磐越自動車道船引三春ICから国道288号線、県道40号線経由7.3km、約20分。

歴史の重みを感じる名木

光岩寺桜／福島県三春町4月

福聚寺の枝垂桜／福島県三春町4月

朝の月山弥陀ヶ原／山形県庄内町8月

広大な湿原が広がる
月山山麓

朝の月山弥陀ヶ原より月山

〔山形県 庄内町 8月〕

025
in YAMAGATA

山岳信仰の霊山と天空の庭園

羽黒山、月山、湯殿山《ゆどのさん》を称して出羽三山という。古くから修験道の山岳道場が開かれ、今でも勇壮な山伏の姿を見ることができる。

出羽三山の中心は羽黒山。その山頂には羽黒山神社、月山神社、湯殿山神社の神を祭った重厚な茅葺屋根の三神合祭殿が建ち、ここを参拝すれば三社をお参りしたことになる。羽黒山の参道には優美な姿の五重塔が杉木立の間から垣間見られ、山頂の社殿前の鏡池から見る三神合祭殿は風格がある。

羽黒山の南に位置する月山は標高１９８４ｍ、その西の沢に湯殿山神社がある。月山８合目に広がる弥陀ヶ原湿原までは、車で容易に行ける。８月、天気を見計らって８合目で車中泊する。猛暑の寝苦しい下界と違って、ここは天国だ。

日の出前、駐車場からほぼ平坦な木道を１０分も歩いただろうか、湿原に点在する地塘《ちとう》(池沼《ちしょう》)に朝焼け雲が微かに揺らいでいた。６月から８月は高山植物が咲き乱れる。

Y

Data

撮影場所：山形県東田川郡庄内町
撮影月：8月
アクセス
①JR鶴岡駅から月山8合目行きバスで2時間、月山8合目下車。
②山形自動車道鶴岡ICから県道47号線で羽黒山スキー場経由、県道211号線で月山8合目まで38km、1時間。

出羽三山神社・三神合祭殿／山形県鶴岡市10月

十二湖〔青森県 深浦町 5月〕

026 in AOMORI

神秘的な森と湖の散策

　十二湖は白神山地西麓、海抜約250mの台地に広がるブナ林に点在する33の湖沼群の総称だ。白神岳、岩木山、竜飛崎などと共に津軽国定公園に属している。江戸時代に発生した能代地震により崩山(939・9m)が崩壊した際、川が堰き止められ大小の湖沼ができたといわれている。この崩山から12の湖沼が眺められたため、十二湖と呼ばれるようになったとの説がある。

　十二湖は四季それぞれによいが、特に新緑から深緑が綺麗な時がよいと思う。十二湖の森と池の周りを歩き、森林浴でフィトンチッドをいっぱい吸い、水で癒されるとリラックスして、体の隅々まで綺麗になったような気がする。

　健脚の方は約1時間コースおよびそれ以上のコースに挑戦するのもよいが、無理な方は十二湖のメインといわれる青池、湧壺《わきつぼ》の池はぜひ訪れてほしい。春から夏にかけては池の水が明るく、透き通る青色が心に染みる。 T

Data

撮影場所：青森県西津軽郡深浦町
撮影月：5月
アクセス：
①JR十二湖駅から弘南バス十二湖行きで15分、終点奥十二湖下車。
②東北自動車道浪岡ICから国道101号線、県道280号線経由、約100km。

湧壺の池（十二湖）／青森県深浦町5月

森に眠る群青色の神秘の湖

日の出と同時に朝陽が差し込む夫婦滝

男滝／熊本県南小国町8月

夫婦滝
（熊本県 南小国町 8月）

027 in KUMAMOTO

黄金色の光が差し込む恋人の聖地

熊本県の北端に位置する南小国町。東に大分県のくじゅう連山、南に阿蘇の外輪山の高原が広がる農業と林業の町だ。近年、女性に大人気の黒川温泉はこの街にある。温泉街は飾りけがなく、素朴な山のいで湯らしさを漂わせている。温泉街のいご坂を下った先の共同浴場「地蔵湯」は、地元の人も通うこぢんまりとした湯だ。

夫婦滝は黒川温泉の2kmほど西の田の原川と小田川が合流する地点にある。田の原川の落差15mの滝が男滝で、小田川の落差12mの滝が女滝だ。夏の日の出時、夫婦滝は幻想的な光景を作り出す。暖

かい外気と冷たい清流の温度差によって生じる川もやが、男滝の上流から昇る朝陽でオレンジ色に染まるのだ。川岸の木々の間をすり抜けた光は、幾筋もの線を描く。

その光景は神々しく、まさに仏から放たれた光明のようだ。翌日は菊池市の菊池渓谷に入る。マイナスイオンを十分に浴びた２日間だった。Y

Data

撮影場所：熊本県阿蘇郡南小国町

撮影月：8月

アクセス：

①JR豊肥本線阿蘇駅から産交バス杖立温泉行きで1時間、ゆうステーション下車、タクシーで15分。徒歩5分。

②大分自動車道玖珠ICから国道387号線で小国町、国道442号線で約32km、50分。

夜明けの雲海に浮かぶ
天空の城、竹田城跡

竹田城跡の桜、北方を見る／兵庫県朝来市4月

天守閣より南方を見る／兵庫県朝来市11月

竹田城跡

〔兵庫県 朝来市 11月〕

028 in HYOGO

雲海に浮かぶ幻想的な天空の城

標高３５３・７ｍの古城山の山頂に竹田城跡がある。南北約４００ｍ、東西約１００ｍに広がる山城で石垣が素晴らしく、現存する石垣遺構としては全国屈指である。秋から冬にかけて、晴れた早朝には朝霧が発生することがある。

この雲海に包まれた城跡は、まさに天に浮かぶ城であり、「天空の城」と呼ばれるに恥じない幻想的な風景だ。雲海に浮かぶ幻想的な城跡を見ようと、年々観光客が増えている。また竹田城跡は虎が臥せているように見えることから虎臥《とらふす》城《じょう》とも呼ばれ、山陰随一の桜の名所としても知られる。

竹田城跡から円山川、国道３１２号線、ＪＲ播但線を挟んだ東側にある標高７５７ｍの朝来《あさご》山《やま》の中腹に立雲峡がある。ここが雲海に浮かぶ竹田城跡の撮影ポイントである。駐車場付近からでも竹田城跡を一望できるが、山の遊歩道を上った方が城跡を俯瞰《ふかん》でき、雲海に浮かぶ天空の城のイメージで撮影ができる。**T**

Data

撮影場所：兵庫県朝来市和田山町

撮影月：11月

アクセス：

①JR竹田駅からタクシー10分。

②北近畿豊岡自動車道・播但連絡道路和田山ICから国道312号線経由、10分。

杉の巨樹が並ぶ雪の奥社参道

戸隠杉並木

〔長野県 長野市 1月〕

029 in NAGANO

神々しい空気が漂う杉並木

戸隠神社奥社への参道は、樹齢約400年を超える杉並木の道を約2㎞歩く。大鳥居から随神門までが約15分、随神門から奥社までが約25分、車は通れない。戸隠神社は有数のパワースポットだけに、参道にも神々しい空気が漂っている。

この参道近くには戸隠森林植物園があり、5月から10月上旬までいろいろな花が見られ、一年を通して多くの野鳥達にも会える。5月上旬から中旬には水芭蕉の群落が楽しめる。

ある冬に戸隠高原へ撮影に行った。戸隠高原は晴れてもよし、雪が降ってもよし、被写体はたくさんある地だ。戸隠には、天照大神が高天原《たかまがはら》の天の岩戸に隠れた時、天手力雄命《あめのたぢからおのみこと》がこの岩をここまで投げ飛ばし、世に光を取り戻したとの伝説もある。また戸隠山は古くから修験の地として知られており、神々の伝説が多いので、杉並木を神秘的に撮影したいと思っていた。 T

戸隠高原、鏡池と戸隠山／長野県長野市10月

Data

撮影場所：長野県長野市
撮影月：1月
アクセス：
①JR長野駅からバス約1時間、奥社下車（冬期は戸隠スキー場行きとなり、奥社には停まらない）。
②上信越自動車道信濃町ICから国道18号線、県道36号線経由、約30分。

第2章

光のうつろい

朝まだき黎明の風景、陽光眩しい日中の風景、夕陽に染まる日暮れの風景、月光に照らされた夜景を集めた。様々な光に彩られた絶景を楽しんでほしい。

Part 1 夜明けの風景

Part 2 光の風景

Part 3 斜陽の風景

Part 4 月明かりの風景

Part 1
夜明けの風景

030 in IWATE

陸中海岸浄土ヶ浜

〔岩手県 宮古市 9月〕

人気の浜の奇岩と空のグラデーションとの組み合わせ

三陸復興国立公園は迫力ある奇岩、絶壁、美しい白砂青松の風景が特徴だ。ここでは新鮮な海の幸を味わうこともできる。全長２２０kmにもおよぶ三陸復興国立公園のほぼ中央に位置する岩手県宮古市の浄土ヶ浜は、国の名勝に指定され、三陸海岸を代表する景勝地であり、白色の岩肌と赤松、透明度の高い海で人気がある。

白い岩は石英粗面岩という火成岩で、海蝕、風化により現在の形になった。一説によると、約３００年前に宮古山常安寺の和尚がこの浜を訪れて、「極楽浄土の如し」と感嘆したことから浄土ヶ浜と名付けられたという。

浄土ヶ浜は日の出の撮影に皆がよく訪れる。日の出を撮影するには、遅くとも30分前には待機しておきたい。日の出の30分前頃から徐々に明るくなってくる空のグラデーションが美しいので、鋸の歯のような岩をシルエットにしてグラデーションの空を組み合わせるのもよいだろう。その後、朝焼けになり、太陽が顔を出して、朝の色がなくなるまでが、日の出の撮影である。T

浄土ヶ浜に静寂な夜明けが訪れる

浄土ヶ浜／岩手県宮古市9月

浄土ヶ浜の日の出／岩手県宮古市9月

太陽の位置で変化する彩り、浄土ヶ浜／岩手県宮古市9月

Data

撮影場所：岩手県宮古市日立浜町
撮影月：9月
アクセス：
①JR宮古駅からタクシー約10分。
②東北自動車道盛岡南ICから県道36号線、国道106号線、国道45号線、県道248号線経由、約100km。

031 鳥海山と朝焼け雲 in YAMAGATA

〔山形県 酒田市 8月〕

庄内平野に聳える独立峰

標高2236mの鳥海山は、山形と秋田の県境に位置する。米どころの庄内平野から北を望むと、稲田のはるか遠くになだらかな裾野を広げた独立峰の鳥海山が望める。その姿から地元では「出羽富士」とも呼ばれて親しまれている。7合目には鳥海湖があり、周辺では雪解けと同時にチングルマやニッコウキスゲなどが咲き乱れる。

山形県酒田市の南東、最上川沿いの小高い山に眺海の森という、四季を通じて楽しめるレクリエーション施設がある。そこからは北に鳥海山、西に庄内平野を流れる最上川や日本海が望める。夕日に輝く最上川と日本海に沈む夕日を撮影後、「眺海の森さんさん」で湯に浸かる。浴室の窓一杯に、今撮影した光景が広がっていた。

翌朝、鳥海山は怪しげな雲で覆われていた。そのわずかな隙間から朝日が差し込んだ。一瞬ではあったが、美しい朝焼けでなく恐ろしさを感じた朝焼けだった。Y

Data

撮影場所：山形県酒田市

撮影月：8月

アクセス：

①JR余目駅からタクシーで15分。

②日本海東北自動車道酒田ICから国道7号線、国道47号線、県道44号線経由で眺海の森まで18km、30分。

花壇と鳥海山／山形県酒田市8月

台風接近で荒れ模様の雲行き

遠山桜

〔熊本県 あさぎり町 4月〕

032

in KUMAMOTO

標高350m、大空に咲く桜

熊本県あさぎり町須恵の松尾集落にある遠山桜は、約30年前に山桜と八重桜を接ぎ木した桜で、ピンク色が濃いのが特徴だ。茶畑の中にある一本桜で、幹回り約2m、樹高約6mと小ぶりながら、幅が広く形がよい。標高約350mの山頂近くにあり、小高い位置から見ると手前に茶畑、遠山桜越しに周囲の山々が見渡せ、まさに「天空に咲く桜」と呼ばれるのがよくわかる。

ある年の春、九州地方の桜の取材中、遠山桜の存在を知った。九州の桜の見頃は3月下旬から4月上旬が多いのだが、遠山桜は山の上

にあり、八重桜系なので多少遅く、4月中旬に見頃になる。少し間があるが、他を撮影しながら待つことにした。数日間待った甲斐があり、よく晴れた日の満開の桜を撮影することができた。

桜の見頃には遠山桜まつりが開催される。駐車場はなく、細い山道なので開花時期は一方通行になり、土日は「あさぎり町須恵文化ホール」からシャトルバスが運行される。T

Data

撮影場所：熊本県球磨郡あさぎり町

撮影月：4月

アクセス：

①くま川鉄道あさぎり駅、または東免田駅から車で約30分。

②九州自動車道人吉ICから国道445号線、県道33号線経由約1時間。

黎明の遠山桜／熊本県あさぎり町4月

朝陽を浴びる遠山桜／熊本県あさぎり町4月

朝焼けの中の遠山桜

美ヶ原より乗鞍・木曽御岳方面／長野県上田市10月

秋の巣栗渓谷／長野県上田市10月

033 in NAGANO

美ヶ原より雲上の浅間山

〔長野県 上田市 10月〕

パノラマの世界が広がる花の高原

松本市の東に連なる美ヶ原高原。6月下旬から7月上旬にはレンゲツツジが山肌を赤く染め、8月には薄紫の可憐なマツムシソウが高原を彩る。松本市から美ヶ原スカイラインを上り、県道62号線を右折すると、武《たけ》石《し》峰《みね》付近に駐車場付きの「思い出の丘」という展望所がある。ここは360度視界が開けた絶好のビューポイントだ。

10月下旬、明日は満月で快晴という天気予報だったので、夕食後東京から美ヶ原高原に直行。松本

朝焼けの彼方に連なる浅間連山

に着いた時は雲が立ち込め、星一つ見えない。濃霧の中、美ヶ原スカイラインを走行するも、袴越山《はかまごしやま》付近に差しかかると視界がすっきりとしてきた。雲海の上に出たのだ。

日付が変わった頃、思い出の丘に到着、満天の星を確認して仮眠する。4時に起床。煌々と照らす月明かりであたりは明るい。5時50分、穂高連峰に沈む満月を撮影後、180度向きを変えて、雲上に浮かぶ浅間山を撮影した。Y

Data

撮影場所：長野県上田市
撮影月：10月
アクセス：
①JR松本駅から美ヶ原高原行きバスで思い出の丘下車。
②中央自動車道松本ICから美ヶ原スカイライン経由で県道62号線を王ヶ鼻方面へ行き、思い出の丘駐車場まで約24km、1時間15分。

輝く北上川の日の出

夜明けの北上川／岩手県金ケ崎町3月

北上川の朝

〔岩手県 金ケ崎町 3月〕

034

in IWATE

撮影場所の選定と偶然性を生かす

北上川は岩手県岩手町にある弓《ゆ》弭《はず》の泉を源にする、岩手県と宮城県を流れる一級河川である。流路全長249㎞あり、長さでいうと日本で5番目に長く、東北では一番長い川だ。

川の日の出を撮影する時は、地図上でその時期の日の出の位置を考慮しながら、おおよその見当をつけて場所を選ぶ。数か所目星をつけておくが、現地に行くと人工物があったり、太陽の位置が悪かったり、川の流れがよくなかったりして、思うように撮影できないことがしばしばある。

しかし思いがけず、よい場所を見つけられることもある。この北上川の日の出を撮影した時がそうだった。岩手県金ケ崎町の重要伝統的建造物群に指定されている街並を撮影している時に、近くを流れる北上川の日の出の撮影ポイントが見つかった。この時は、3月だというのに大雪が降って雪景色となり、北上川畔に雪が残る日の出も撮影できた。T

Data

撮影場所：岩手県胆沢郡金ケ崎町

撮影月：3月

アクセス：

①JR金ケ崎駅から1.5km。

②東北自動車道水沢ICから県道270号線経由、約7km。

涼風流れる真夏の菊池渓谷

朝の菊池渓谷

〔熊本県 菊池市 8月〕

035 in KUMAMOTO

水と光が織り成す深山幽谷の世界

菊池渓谷は菊池市の東、阿蘇外輪山の外側中腹に位置する。一周約2kmの遊歩道は、よく整備されているので歩きやすい。マイナスイオンたっぷりの渓谷には数々の滝や瀬がある。

入り口からすぐの橋を渡る。最初の見所は黎明《れいめい》の滝、そして落ち葉が河原を縁取る紅葉ヶ瀬。その先に二本目の橋がある。橋を渡らずに上流に行くと天狗滝があり、その先が二手に分かれて豪快に水しぶきを上げる、菊池渓谷で一番の

秋の菊池渓谷／
熊本県菊池市11月

朝の菊池渓谷／
熊本県菊池市8月

見所である四十三万滝だ。さらに進むと三本目の橋がある。このあたりを広河原という。橋を渡ると休息所とトイレがあり、ここから引き返す。全行程、約1時間。

菊池渓谷が幻想的な姿を見せてくれるのが夏の早朝。阿蘇の冷たい伏流水と暖かい外気との温度差によって川もやが発生する。川もやは木立の隙間から差し込む朝の光で黄金色に輝き、渓谷に光のカーテンを下ろす。Y

Data

撮影場所：熊本県菊池市

撮影月：8月

アクセス：

①JR熊本駅から熊本電鉄バスで約1時間10分。菊池温泉下車、車で約30分。

②九州自動車道植木ICから国道3号線、県道53号線、国道387号線、県道45号線経由で28km、45分。

流氷寄せる厳寒のオホーツク

オホーツクの流氷と日の出を撮るために網走の海岸線をロケハンする。市の南にある鱒浦付近に、蓮の葉状になった格好な流氷が接岸していたので、明日の朝はここから撮影することにした。

翌早朝、勇んで現場に着くと、昨日見た流氷はほとんどなく、わずかにかけらが漂っていた。一晩でこんなにも状況が変わってしまうのかと落胆する。茜色に染まった東の空の中に、斜里岳、海別岳《うなべつ》、そして知床連山の黒い山並みが横たわっている。天気がいいので撮影しないわけにはいかない。静寂の中で寒さは頂点に達する。足踏みをし、手をこする。朝日は海別岳の左から昇ってきた。凍っていない沖の海に水鳥が漂っていた。

その日の昼、夕日を撮るため知床半島のウトロに移動。そこの海は完全に氷の原野だった。氷海に立ち耳を澄ますと、流氷が擦れあう「ギギー、ギギー」という、うめき声が聞こえてくる。 Y

オホーツクの流氷と朝日

〔北海道 網走市 2月〕

036

in **HOKKAIDO**

睫毛も凍る極限の時間帯

Data

撮影地：北海道網走市

撮影月：2月

アクセス：

①JR網走駅から釧網本線で鱒浦駅下車、徒歩10分。

②JR網走駅前から県道23号線、国道244号線で6km、10分。

流氷と二つ岩／北海道網走市2月

八甲田山萱野高原

〔青森県 青森市 10月〕

037 in AOMORI

高原の木々と光のイメージ

青森県青森市から国道103号線、通称十和田ゴールドラインを南に走ると、最初は穏やかで直線的な上りの坂道だが、途中から道の両側が林に変わり展望が利かなくなり、くねくねとしたカーブが増える。だが、しばらく走ると突然視界が開け、八甲田連峰を展望できる開放感のある高原に出る。ここが萱野高原である。

八甲田連峰の北麓に広がる標高540mの高原で、十和田八幡平国立公園の北の入り口でもある。以前からここを通るたびに、高原に点在するシナノキ群を撮影したいと思い、イメージを膨らませていた。秋の紅葉シーズンに東北地方の

雪の八甲田連山／青森県青森市3月

八甲田城ヶ倉渓谷／青森県青森市10月

撮影に来た時、まずはこの萱野高原を訪ねたが、まだ色づきの進みが撮影するには少々早かったので、他を撮影して数日後に再び訪れると、イメージ通りの紅葉になっていた。

　翌日の天気予報は晴れ。近くの駐車場で車中泊をして朝を待つ。翌朝、日の出には起き、太陽の位置を確認しながら撮影場所を見つけた。太陽が高く昇るにつれ、イメージに近い条件になってきたので撮影を開始した。 T

Data

撮影場所：青森県青森市

撮影月：10月

アクセス：

①JR青森駅から十和田湖行きバスで約50分、萱野茶屋下車すぐ。

②青森自動車道青森中央ICから国道7号線、103号線経由、30分。

朝陽が眩しい萱野高原のシナノキ群

島の自然を守った熊楠の寝姿だろうか

038 神《か》島《しま》 in WAKAYAMA

〔和歌山県 田辺市 5月〕

田辺湾に浮かぶ天然記念物の島

和歌山県の田辺市は最高級の梅干「南高梅」の産地だ。中でも市の北部に広がる紀州田辺梅林は一目30万本といわれ、2月上旬から3月上旬の梅の開花時期には、あたり一面に白い霞がかかったように見える。

市の南端、新庄町の沖に浮かぶ神島は、「おやま」と「こやま」からなる大小二つの島だ。手付かずの照葉樹林に覆われた島には、貴重な植物が多く繁殖し、国の天然記念物に指定されている。この島の貴重性を国に訴え、自然を守った博物学者の南方熊楠《みなかたくまぐす》はあまりにも有名だ。その名は昭和天皇の歌にも詠まれている。森林保全のため、島への上陸は禁止されている。

神島と対峙する田辺湾に突き出た半島に、国の天然記念物の鳥ノ巣泥岩岩脈がある。これは地殻変動によって地層に割れ目が生じ、そこから泥岩層が噴き出して固まったものだ。干潮時には約1・5kmにわたって岩脈が姿を現す。Y

Data

撮影場所：和歌山県田辺市新庄町

撮影月：5月

アクセス：

①JR紀勢本線の紀伊田辺駅から明光バス白浜温泉行きで15分、内の浦下車、徒歩15分。

②阪和自動車道南紀田辺ICから国道42号線、県道33号線経由で鳥ノ巣泥岩岩脈へ10km、15分。

龍神温泉／和歌山県田辺市11月

阿蘇草千里

〔熊本県 阿蘇市 9月〕

039 in KUMAMOTO

光のイメージを風立つ水面と雲で表現

　阿蘇山は世界でも有数の広大なカルデラ地形で、外輪山を含めた全域のことをいう。阿蘇山という個体の山は存在しない。阿蘇五岳である高岳《たかだけ》、中岳《なかだけ》、根子岳《ねこだけ》、烏帽《えぼ》子岳《しだけ》、杵島岳《きしまだけ》の総称として阿蘇山と呼ばれる。

　阿蘇草千里ヶ浜は烏帽子岳北側中腹に広がる草原で、池が二つあり梅雨時などは水がたまるが、日照りが続くと水がなくなることもある。牛や馬が長閑《のどか》に放牧される緑の広大な草原は、牧歌的で海外の牧場を思わせる。

　9月の中旬、光のイメージを撮影するために、まだ緑が綺麗な草千里ヶ浜の池の近くへ行った。高く昇った太陽と風で波立ち光る水面を中心に、烏帽子岳と遠くに噴煙を上げる中岳を配置する構図で撮影。流れる雲もよいポイントになった。T

阿蘇仙酔峡のミヤマキリシマ／熊本県阿蘇市5月

Data

撮影場所：熊本県阿蘇市

撮影月：9月

アクセス：

①JR阿蘇駅前からバスで約35分、草千里阿蘇火山博物館前下車。

②九州自動車道熊本ICから国道57号線、県道111号線経由、約1時間。

草千里の池と噴煙を上げる中岳

朝の光に輝く松島湾に浮かぶ島々

光る海松島

（宮城県 松島町 4月）

040 in MIYAGI

輝く松島湾に浮かぶ島々の眺望

京都府の天橋立、広島県の宮島と共に、日本三景の一つにあげられる宮城県の松島は、松島湾に浮かぶ大小260余りの島々の総称である。松島観光は船に乗り島々を巡るのもよいが、松島湾を見るには高い場所から望むのがよい。高い位置からだと多くの島々が見渡せ、雄大な眺望が味わえるからだ。

主な展望地は奥松島にある大高森、松島海岸に突き出た岬にある双観山、西行戻しの松公園などがあるが、西行戻しの松公園が特によいと思う。西行法師が諸国行脚《あんぎゃ》の時、童子《どうじ》と禅問答して敗れ、松島行きをあきらめたという由来の地である。桜の名所でもあるので四季を通して楽しめるところだ。

写真撮影したのは春。西行戻しの松公園の桜が満開になるには、まだ少し早い時期であった。朝焼けから日の出を撮影して、さらに太陽が昇り水面が広く輝くまで撮影を行った。この間、ずっと松島湾を見つめていたが、いくら見ても飽きない風景であった。T

Data

撮影場所：宮城県宮城郡松島町
撮影月：4月
アクセス：
①JR松島海岸駅から徒歩約30分、タクシーで約5分。
②三陸自動車道松島海岸ICから県道144号線経由、約5分。

朝焼け福浦橋／宮城県松島町5月

西行戻しの松公園より望む松島湾／宮城県松島町11月

青い池／北海道美瑛町7月

赤い実のメロン／北海道美瑛町8月

041 in HOKKAIDO

美《び》瑛《えい》のヒマワリ畑

〔北海道 美瑛町 8月〕

真夏の眩しい太陽が似合うヒマワリ

花々で飾られる丘の町の夏

北海道のほぼ中央に位置する美瑛町。なだらかな丘陵が幾重にも連なり、東の彼方には大雪連峰や十勝連峰などの北海道の屋根が望める広大な台地だ。その日本離れした景色に憧れ、四季を通じて国内外から多くの観光客が集まる。

6月上旬から8月下旬にかけて、美瑛町から富良野市に至る国道237号線沿いには、至る所に花畑が展開する。美瑛町の「四季彩の丘」、上富良野町の「フラワーランドかみふらの」、中富良野町の「ファーム富田」、富良野市の「ラベンダーの

森ハイランドふらの」など、見所はたくさんある。
　8月初旬、白金温泉の手前にある「青い池」を撮影。その名のとおり青い水を満々と湛えた水中に立ち枯れしたカラマツが林立している。近年大人気で、小さな池のほとりは混雑している。その帰り道、どこをどう走ったのか、偶然に観光客が来ないヒマワリ畑を発見。畑の持ち主に断って撮影した。 Y

Data

撮影場所：北海道上川郡美瑛町
撮影月：8月
アクセス：
①JR宗谷本線旭川駅からJR富良野線で美瑛駅下車、タクシーで10分。
②JR美瑛駅前から拓進方面へ約8km、10分。

称名滝《しょうみょうだき》と虹

〔富山県 立山町 7月〕

042 in TOYAMA

霊峰・立山と日本一の名瀑

富山市の東南に屏風のように連なる立山連峰。その主峰は標高3015mの大汝山《おおなんじやま》で、立山という単独峰はない。室堂平の標高は約2500mだが、ロープウェイやバスなどを乗り継いで容易に行くことができる。ホテルや山小屋がある室堂平には手頃な散策路があり、本格的なアルプスの登山気分を満喫できる。室堂へは富山県側の美女平からと長野県側の扇沢から黒部ダム経由で行ける。

称名滝は立山連峰の雪解け水を集め、一気に称名峡谷を落下する滝だ。その落差は350mで日本一を誇り、国の名勝および天然記念物に指定されている。駐車場から滝見台まで約1.3kmだが、だらだらとした上り坂が続くので結構きつく、30分ぐらいかかる。

水量が豊富な5月、6月は、称名滝の右側に称名滝より落差のあるハンノキ滝が出現する。轟々と水しぶきを上げる滝壺付近に、晴れた日の正午過ぎに虹がかかる。 Y

Data

撮影場所：富山県中新川郡立山町

撮影月：7月

アクセス：

①富山地方鉄道立山駅から立山黒部貫光バス称名滝行きで20分、終点下車、徒歩30分。

②北陸自動車道立山ICから県道6号線で29km、45分で称名滝駐車場、徒歩20分。

豪快な飛沫を上げる称名滝

043 浦富《うらどめ》海岸〔鳥取県 岩美町 7月〕

in TOTTORI

岩の松が美しい菜種五島

海岸美と海の味覚を堪能

日本海に面し、鳥取県の東端に位置する岩美町。兵庫県との県境に接する陸上《くがみ》岬から駟馳山《しちやま》までの15kmにわたる海岸を浦富海岸という。日本海の激しい風雪が創り上げた荒々しいリアス式の浦富海岸には、変化に富んだ奇岩や洞門があり、散策に飽きない。

中でもお勧めは、網代から田後までの約2・7kmで所要時間は2時間。コース上の鴨ヶ磯海岸と城原海岸は景観もよく、砂浜もあるので磯遊びに最適だ。駐車場もあるので車でも行ける。

四季を通じて山陰海岸にはよく行く。素朴で温泉が多く、海の幸が美味しいからだ。

夏は濃厚でジューシーなぷりっぷりの身の岩ガキと、生姜醤油で食べる透き通った白イカ(ケンサキイカ)。冬の松葉ガニも食べたいが、ちょっと手が出ない。浦富海岸のすぐ西には鳥取砂丘が広がっている。ここで栽培されている「砂丘ラッキョウ」の漬物も実に美味だ。 Y

浦富海岸の漁火／鳥取県岩美町7月

Data

撮影場所：鳥取県岩美郡岩美町

撮影月：7月

アクセス：

①JR岩美駅から町営バス田後行きで浦富海岸口下車、徒歩すぐ。

②鳥取自動車道鳥取ICから国道29号線、国道9号線、県道27号線で22km、30分。

志賀高原 木戸池

〔長野県 山ノ内町 10月〕

044 in NAGANO

早朝に見える美しい水鏡の風景

志賀高原は長野県山ノ内町にある標高1000m以上の高原地帯で、上信越高原国立公園の中心地である。周囲には2000mを超える山々が連なっている。高原最高峰は2341mの裏岩菅山《うらいわすげやま》だ。今から約20万年前に志賀山などの火山活動により、周囲の川が堰き止められてできたいくつもの湖が、火山活動の繰り返しにより埋まって湿地になり、残った所が沼や湖になったといわれている。

標高が高いため夏は涼しく、秋は紅葉が美しい。冬にはスキーが楽しめ、一年を通して訪れることがで

森閑とした木戸池に朝の光が射す

志賀高原一沼／長野県山ノ内町6月

志賀高原蓮池のレンゲツツジ／長野県山ノ内町6月

きる。

　平地ではまだ暑さが残る9月下旬、志賀高原では紅葉が始まる。志賀高原の中ほどにある木戸池は、国道292号線の脇にあり交通の便がよい。しかし国道の脇とは思えぬほど、木々に囲まれて静けさを保っている。池の周りの木々が紅葉した頃、風がない早朝には、湖面の水鏡に木々が映り込み美しい姿を見せる。 T

Data

撮影場所：長野県下高井郡山ノ内町

撮影月：10月

アクセス：

①長野電鉄湯田中駅からバス約30分、木戸池下車。

②上信越自動車道信州中野ICから国道292号線、約45分。

Part 3
斜陽の風景

045 ダイヤモンド富士

〔山梨県 山中湖村 2月〕

in YAMANASHI

ダイヤモンド富士の撮影は、早めに待機

　ダイヤモンド富士とは、太陽が富士山頂から出た瞬間と、太陽が山頂に沈む瞬間に輝くことをいう。どこでも見られるものではなく、富士山が東か西に見える位置、つまり日の出の時は東、日没の時は西に見える位置にいる必要がある。地球の地軸が傾いているため季節によって太陽の見える位置は変わり、日の出、日の入りの位置も変わってくる。

　ダイヤモンド富士の有名な撮影地には、山梨県の山中湖、静岡県の田貫湖、東京都の高尾山などがあり、多くの写真愛好家達が集まる。私が撮影したのは山中湖畔か

山中湖より朝焼け富士山／山梨県山中湖村10月

山中湖の湖面に映る逆さ富士／山梨県山中湖村2月

ダイヤモンドのように
美しく輝く富士山

らだ。撮影地には早めに行き、太陽が沈むおおよその位置を予想して、撮影場所を選定する。

日の出の時は太陽がどこから出てくるかわからないが、夕陽が沈む時は太陽が見えているので見当をつけやすい。写真撮影で同じ場所に何度も通うのは、季節や時間によって条件が変わるのと、太陽の位置が把握できてアングルを決めやすいからである。 T

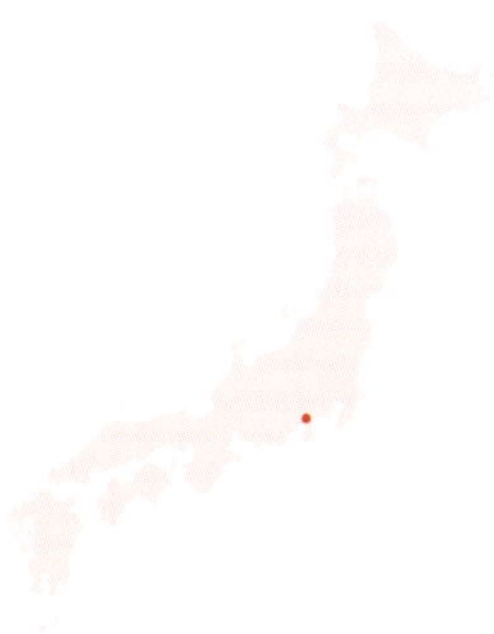

Data

撮影場所：山梨県南都留郡山中湖村

撮影月：2月

アクセス：

①富士急行富士山駅から富士急路線バスでホテルマウント富士入口下車、ぐるりんバスに乗り換えて山中湖交流プラザ前下車。徒歩5分。

②東富士五湖道路山中湖ICから約15分、山中湖交流プラザ。

宍道湖《しんじこ》夕景

【島根県 松江市 5月】

046

in SHIMANE

伝説の嫁ヶ島に沈む夕陽

宍道湖は島根県東部の松江市と出雲市にまたがる湖だ。有数の水鳥の渡来地で、ガン、カモなど多くの鳥類が生息している。生息地と湿地の生態系を守るラムサール条約に登録され、鳥達の餌となる魚類や甲殻類も多く生息する。中でもヤマトシジミ漁は有名で、スズキ、ヨシエビ、ウナギ、ワカサギ、シジミ、コイ、シラウオは「宍道湖七珍」と呼ばれる。

宍道湖の夕陽を撮影するため早めに撮影ポイントに行くと、すでに夕陽を見る人達が来ていた。撮影ポイントは湖で唯一の島である嫁ヶ島に沈む夕陽である。神様が、湖に落ちて亡くなった若い嫁の亡骸を乗せてこの島を浮かび上がらせたという伝説が嫁ヶ島にはある。湖の脇を走る国道9号線に車を止めるスペースが設けられているので、

楽に夕陽を見ることができる。

夕陽の撮影は早めに現場に行き、夕陽が沈む場所を見極めるのが大切である。「嫁ヶ島の残照」は、松江市による宍道湖十景に選定されている。T

新緑の松江城／島根県松江市4月

朝の松江大橋／島根県松江市10月

宍道湖唯一の島に沈む夕陽

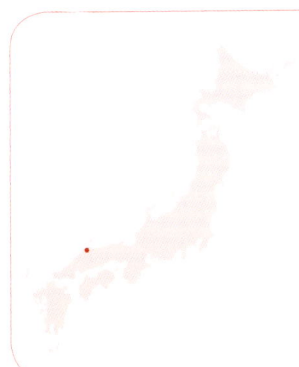

Data
撮影場所：島根県松江市袖師町
撮影月：5月
アクセス：
①JR松江駅から約2km。
②山陰自動車道松江玉造ICから約3km、約7分。

夕陽に染まるワタスゲ群と八甲田赤倉岳

田代平湿原のワタスゲ

〔青森県 青森市 6月〕

047 in AOMORI

風に揺らぐ白いワタスゲは、可愛く愛らしい

八甲田とは大岳を主峰とする北八甲田と、櫛ヶ峯を主峰とする南八甲田の山々の総称で、八甲田山という単独峰はない。八甲田の名前の由来は、「八」はたくさんの、「甲」はたて状の峰、「田」は山上に多くの田代（湿原）があるからだといわれている。

八甲田は湿原の多い所で、中でも田代平湿原は最大の湿原であり、貴重な湿原植物が数多く生息する。湿原には八甲田温泉から入ることができ、湿原内の木道を一周するのに一時間ほどかかる。

湿原には6月から8月までいろいろな花が咲くが、6月中旬頃咲くワタスゲの群落が特に見応えがある。湿原一面の白い花が風に揺れる姿は、天使が踊っているようで可愛く愛らしい。ワタスゲを見る時は晴れた日がよい。ワタスゲの綿毛は晴れていると膨らんでボリューム感があるが、雨などに濡れるとしぼんでしまうからである。T

Data

撮影場所：青森県青森市

撮影月：6月

アクセス：

①JR青森駅からタクシーで50分。

②青森自動車道青森中央ICから国道7号線、国道103号線、県道40号線、県道242号線経由、約50分。

ツツジと霧のブナ林／青森県青森市6月

角力灘《すもうなだ》夕景

【長崎県 長崎市 9月】

048 in NAGASAKI

隠れキリシタンの歴史が残る夕陽の名所

黒崎教会／長崎県長崎市9月

残暑厳しい9月、長崎市北部の角力灘に面した海岸線を取材した。大中尾の棚田は神浦地区にあり、棚田百選に選ばれている。訪れた時は稲も黄金色に色づき、入り口では数体の案山子《かかし》が出迎えてくれ、畦には赤い彼岸花に混ざって白い彼岸花も咲いていた。

神浦地区の南に位置する上黒崎町に「カトリック黒崎教会」がある。高台に建つレンガ造りの教会は、角力灘を望むロマネスク様式の建物だ。内部に入ると整然と並ぶ長椅子の正面に祭壇があり、左右のステンドグラスの窓から、七色の明るい光が差し込んでいた。教会の入り口に立つ聖母マリア像の柔和な顔つきにうっとりする。

夕日の撮影まで教会近くの道の駅「夕陽が丘そとめ」で一休み。一時間も休んだだろうか、薄雲が広がる西の空が気になっていたが、雲間から光が漏れてきた。神の導きであろうか、島々の上空から天使の梯子《はしご》（光芒《こうぼう》）が降りてきた。Y

Data

撮影場所：長崎県長崎市上黒崎町

撮影月：9月

アクセス：

①JR長崎駅からタクシーで40分。

②JR長崎駅から県道28号線、国道202号線で26km、40分。

特徴ある島影が印象的な角力灘の島々

鍵掛峠より夕日／鳥取県江府町11月

里の夕暮れ／鳥取県江府町11月

鍵掛峠から望む
大山山麓のブナ林

夕日に染まるブナ林

〔鳥取県 江府町 11月〕

049 in TOTTORI

山陰の名峰を望む絶景ポイント

鳥取県の西部にそびえる標高１７２９ｍの大山《だいせん》は「伯耆《ほうき》富士」とも呼ばれている。大山は見る角度によって様々に変化するが、北西の米子方面から見る大山が、一番富士山に似ている。米子から境港に向かう国道４３１号線の弓ヶ浜から見る大山が、私は好きだ。美しく弧を描く海岸線の先に、なだらかな稜線の大山が望める。特に冬場は朝日が大山に近づくので、朝焼けで赤く染まった空と海の間に浮かぶ大山が実に美しい。

鍵掛峠は大山の南、県道45号線の江府町と大山町の境に位置する。峠の駐車場はトイレもあり、よく整備されている。ここからの眺めは眼前に日本有数のブナの原生林が広がり、その後方に屏風を立てたような大山の南壁がそそり立っている。南壁は白くただれたような山肌に幾筋ものひだがあり、大山の険しさを見せつけているようだ。北風の吹く寒い夕方、ほんの一瞬、夕日がブナ林を照らした。Y

Data

撮影場所：鳥取県日野郡江府町

撮影月：11月

アクセス：

①JR江尾駅から車で約20分。

②米子自動車道溝口ICから県道45号線で11km、15分。

楯ヶ崎夕景

050 in MIE

〔三重県 熊野市 11月〕

夕陽に染まる楯ヶ崎

三重県の名勝および天然記念物に指定される楯ヶ崎は、熊野市の北部、尾鷲市との境近くの海岸にある。楯ヶ崎に行くには、国道311号線沿いにある駐車場に車を止め、約2kmの遊歩道を40分ほど歩かなければならない。緩やかな上り下りのある遊歩道周囲には、ヤブツバキ、ホルトノキ、スダジイなど暖地性照葉樹やシダ植物が生い茂る。遊歩道を進むと視界が開け、千畳敷といわれる広々とした斜面の岩場に出る。

その先の断崖絶壁に立つと、二木島湾山から熊野灘に突き出た楯ヶ崎があり、柱状節理の大岸壁が目に飛び込んでくる。断崖を強調させるアングルを決めて撮影を始める。天気もよく、せっかくなので夕陽まで待つことにした。

太陽が傾き始めると、楯ヶ崎も夕陽に染まり始める。時間と共に楯ヶ崎はさらに染まり、夕陽と反対側の空まで焼けた。久しぶりに素晴らしい夕焼けを見た。 T

Data

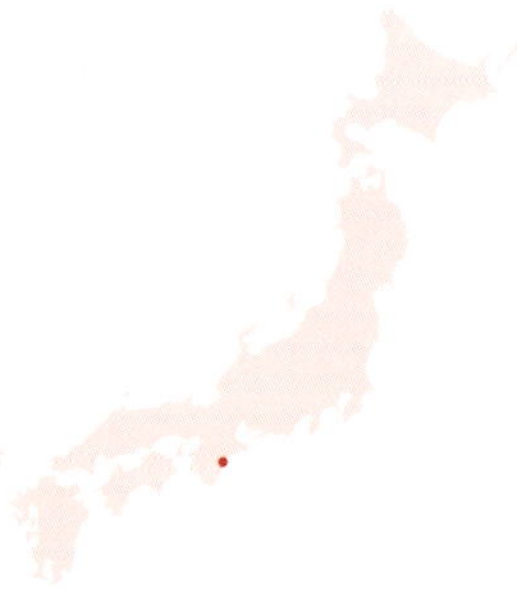

撮影場所：三重県熊野市甫母町
撮影月：11月
アクセス：
①JR二木島駅から楯ヶ崎遊歩道入口までタクシー、約15分。
②紀勢自動車道尾鷲北ICから国道42号線、国道311号線、約40分。楯ヶ崎遊歩道入口から徒歩40分。

楯ヶ崎の夜明け／三重県熊野市11月

柱状節理の岸壁を持つ楯ヶ崎

冬の季節風に耐えて咲くニホンスイセン

越前海岸のスイセン

〔福井県 越前町 1月〕

051 in FUKUI

日本海の厳しい風雪に耐えて咲く

福井県中部の西、日本海に張り出した所が越前海岸だ。海岸線は荒々しい断崖や磯が続き、陸側のすぐ後ろには山がせまっている。その急峻な斜面に日本スイセンが咲く。越前岬のスイセンは、千葉県房総半島と兵庫県淡路島のスイセンとともに日本三大群生地に挙げられている。

12月から2月にかけて、冬の日本海は荒れ模様となる。そんな過酷な条件の下で、可憐で清楚な越前海岸のスイセンは、風雪に耐えながら花を咲かせる。海から吹き上げてくる風にさらされ、ある時は湿った雪に押しつぶされる。

スイセンの見所は、越前海岸のシンボルである呼鳥門《こちょうもん》そばの「梨子ヶ平千枚田」。集落に広がる棚田のスイセン畑は日本の里の原風景だ。越前岬灯台の高台に「越前岬水仙ランド」がある。ここからは、スイセン畑の向こうに白亜の灯台と日本海を望むことができる。日帰り温泉「漁火」からの夕日は最高だ。Y

Data

撮影場所：福井県丹生郡越前町
撮影月：1月
アクセス：
①JR福井駅から越前岬行きバスで約60分。左右下車、徒歩約10分。
②北陸自動車道敦賀ICから1時間、鯖江ICから40分。

利尻島夕景

〔北海道 豊富町 6月〕

052 in HOKKAIDO

夕暮れのサロベツ海岸より望む利尻富士

花咲く原野と最果ての島

標高1721mの利尻岳は海に浮かぶ名峰。海抜0mからそびえる独立峰はあまり例を見ない。また、その美しい円錐形の容姿から「利尻富士」とも呼ばれている。利尻島へは稚内からフェリーで1時間40分。夏の時期、花の島として知られる礼文島とセットで多くの若者が島を訪れる。

北海道北部の日本海側に位置するサロベツ原野は、豊富町と幌延町にまたがる日本一の広大な高層湿原だ。サロベツ原野の一角に、サロベツ原生花園があり、5月から9月にかけていろいろな花が咲く。特に6月下旬から7月中旬のエゾカンゾウが咲く時期は、はるか地平線まで黄色に染まる。浜辺では鋭いトゲを持つ深紅のハマナスも咲き乱れ、原野が一番華やぐ。

花咲く原野から望む利尻岳もいいが、海岸線から夕日と絡めて眺める利尻島は旅情をそそる。日が沈んだ後も空は刻々と色を変え、いつまでも眺めていたい光景だ。Y

Data

撮影場所：北海道天塩郡豊富町
撮影月：6月
アクセス：
①JR豊富駅から沿岸バス稚咲内行きで10分、サロベツ湿原センター前下車徒歩。
②JR稚内駅前から国道40号線、道道106号線で45km、1時間。

サロベツ原野より利尻富士／北海道豊富町6月

曽《そ》爾《に》高原夕景

〔奈良県 曽爾村 10月〕

053 in NARA

逆光に透ける銀の穂波／奈良県曽爾村10月

山の斜面を埋め尽くすススキの群落／奈良県曽爾村10月

ススキの穂波が寄せる高原の夕暮れ

奈良県の北東部に位置し、三重県と接する曽爾村は自然豊かな山村だ。村の東西には1000m級の山が連なり、中央に青蓮寺川が流れる。村の西には2kmにわたって高さ200mの柱状節理の垂直な岩壁がそそり立っている。4月下旬にはヤマザクラが裾を飾り、ライトアップ時は幻想的な景色が浮かび上がる。奥香落《おくこうち》にそびえる鎧岳《よろいだけ》と兜岳《かぶとだけ》は独特な山容だ。

曽爾村一の観光名所は曽爾高原。早春には野焼きが行われ、初夏には草原が緑で覆われる。高原の中央には、ほとんど水がない湿原風のお亀池がある。

曽爾高原の魅力はなんといっても秋だ。10月中旬から11月初旬のススキの穂が開いた頃は、高原全体が銀色の絨毯を敷き詰めたようになる。風にそよぐ銀色の穂波は、夕日を受けると黄金色に透けて輝く。夕暮れを迎えた秋の高原には、どことなく侘《わ》びしさが漂う。高原の入り口には「お亀の湯」がある。 Y

夕日を受けて黄金色に輝くススキ

Data

撮影場所：奈良県宇陀郡曽爾村

撮影月：10月

アクセス：

①近鉄名張駅から三重交通バスで約45分。近鉄榛原駅から奈良交通バスで約60分。

②名阪国道針ICから国道369号線、県道81号線経由で曽爾高原へ34km、50分。

Part 4 月明かりの風景

054 幻想富士山

〔山梨県 山中湖村 12月〕

in YAMANASHI

四季を通して富士山を望む絶好のビューポイント

山中湖から三国峠へ上る途中にパノラマ台がある。パノラマ台は富士山と山中湖の展望がよく、天気がよければ南アルプスも見られる絶好のビューポイントだ。年間を通して多くの写真愛好家達が日の出前から富士山の撮影に取り組んでいる。

夏の花火大会の時には大勢の観光客で賑わい、秋には周辺がススキの原になり、冬には雪を被った富士山が大きく見える。夕陽に染まる空にシルエットの富士山も美しい。

ある年の12月に山中湖畔で車中泊をして、朝焼けの富士山の撮影に備えていた。夜明は前に起きてみると、あたりは霧の中。ここでは撮影はできないと判断、すぐパノラマ台に移動してみると雲海の上に出た。

空には満天の星が輝き、はるか遠くに南アルプスも見えていた。山中湖にかかる雲海は、街の明かりに照らされて色とりどりに輝き、幻想的な風景を見せてくれている。この風景を撮影しないわけにはいかない。撮影後、現像するのが楽しみだった。T

幻想的な山中湖の雲海と満天の星

三国峠パノラマ台から夏富士／
山梨県山中湖村
7月

山中湖の雲海と
朝焼け富士／
山梨県山中湖村
12月

Data

撮影地：山梨県南都留郡山中湖村
撮影月：12月
アクセス：
①富士急行富士山駅からタクシー約30分。
②東富士五湖道路山中湖ICから国道138号線、国道413号線、県道730号線経由、約20分。

三国峠パノラマ台から
山中湖の雲海／
山梨県山中湖村
12月

ロマンチックな橋のライトアップ

月夜の来島海峡大橋

〔愛媛県 今治市 8月〕

055 in EHIME

糸山公園から今治市夜景／愛媛県今治市8月

渦潮の海峡と本四を結ぶ海の街道

広島県の尾道市と愛媛県の今治市を結んでいる「しまなみ海道」。尾道から向島を経て因島へ渡ると、そこは除虫菊の島だ。４月下旬から5月中旬にかけて、蚊取り線香の原料となる除虫菊の可憐な白い花が島を飾る。生口島には日光東照宮を思わせる極彩色の耕三寺《こうさんじ》があり、ここまでが広島県。

愛媛県の大三島には大山祇《おおやまづみ》神社があり、宝物館には国宝の武具が多数展示されている。塩の島として知られる伯方島の次が大島で、亀老山の展望台から眺める来島海峡大橋は絶景だ。特に夏場の夕日と夜景が最高に美しい。

馬島を過ぎると四国本島の今治市。大島と今治市の間が、鳴門海峡、関門海峡と並ぶ日本三大潮流の来島海峡だ。橋と海峡が一望できる糸山公園には、立派な展望施設があり、荘厳な日の出とロマンチックな夜景を満喫できる。サンライズ糸山で自転車を借り、橋上から海峡の渦潮と瀬戸内の景色を楽しむといい。Y

Data

撮影場所：愛媛県今治市砂場町

撮影月：8月

アクセス：

①JR予讃線今治駅からせとうちバス小浦・大浜行きで22分、展望台入口下車、徒歩約5分。

②瀬戸内しまなみ海道今治北ICから5分。

056 in KYOTO

伊根町 烏賊《いか》釣《つり》火《び》

［京都府 伊根町 5月］

初夏の夜の海に浮かぶ漁火

イカ釣りは、人が手で釣り上げる方法と、機械で釣る方法がある。どちらも、イカ針（疑似餌）を一本の糸にいくつもつけたものを海中に投入して漁獲する方法だが、機械を使用する場合は何十本もの糸を海中に投入できる。

夜間漁灯を点灯させ、魚などを誘い集めるために漁船で焚く火のことを漁火《いさりび》という。近くで見ると、かなり大きな電球をたくさん使い、まるで昼間のように明るい。イカは明るいのが苦手で船底など光が当たらない所にいるのだが、明るさ

に群がる小魚を餌にするために集まってくるのだ。初夏から夏にかけては比較的浅い所での漁獲が多いので、漁火を近くに見ることができる。

京都府の北部、日本海に突き出た丹後半島の東にある、伊根町の舟屋群を撮影するべく向かう途中、伊根町近くの新井集落の外れで、水田の向こうにイカ釣りの漁火が夜の海に浮かぶ風景に出会った。心を惹かれた美しい風景であった。 T

Data

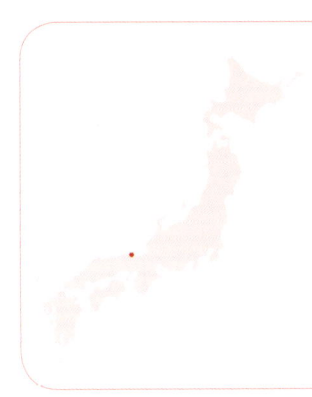

撮影場所：京都府与謝郡伊根町
撮影月：5月
アクセス：
①北近畿タンゴ鉄道宮津線天橋立駅からバス。伊根郵便局前で乗り換えて津母行きバス、新井下車。
②京都縦貫自動車道宮津天橋立ICから国道176号線、178号線経由、約60分。

新井集落と漁港／京都府伊根町5月

伊根の舟屋群／京都府伊根町8月

伊根の舟屋／京都府伊根町5月

水を張った水田と日本海に輝く烏賊釣火

057 月夜の縄文杉 in KAGOSHIMA

〔鹿児島県 屋久島町 6月〕

月光に浮かぶ太古の杉

悠久の森が育んだ世界遺産の島

ヤクシマシャクナゲが咲く頃、淀川登山口から黒味岳を目指す。花之江河までは2時間20分。そこで薄いピンクのヤクシマシャクナゲを間近に見ることができた。湿原では運よく、ヤクザルと愛らしい子鹿を連れたヤクシカに遭遇。

翌日は荒川登山口から縄文杉を目指す。トロッコの軌道を歩き、大株歩道入り口まで約3時間。ここからきつい登りが2時間続き、やっと縄文杉に到着する。今夜は無人の高塚小屋泊り。一眠りした後、満月の縄文杉を撮るため展望台へ行く。煌々と照らす月明かりの下で縄文杉が凛と立っていた。

小屋に戻ると、翌日の食料を入れたビニール袋が破られ、中身が散乱していた。小屋に棲むネズミのせいだろう。翌日は水だけで下山し、楠川温泉で疲れを癒す。風呂上がりに、あらかじめ仕入れていた柔らかい鯖節を、マヨネーズと七味で和えて食す。これが冷えたビールのつまみに最高。至福の一時だ。 Y

Data

撮影場所：鹿児島県熊毛郡屋久島町

撮影月：6月

アクセス：

①宮之浦港からバスで屋久杉自然館まで40分、そこから荒川登山口バス停まで40分、徒歩5時間。

②宮之浦港から県道77号線、県道594号線経由、約30分（一部区間で一般車両の乗入れ規制中）。

ヤクシカの親子／鹿児島県屋久島町6月

ヤクシマシャクナゲ／鹿児島県屋久島町6月

月夜の霧ヶ峰

〔長野県　諏訪市　1月〕

058 in NAGANO

月光も凍てつく極寒の霧ヶ峰

長野県中部、諏訪湖の北東に位置する霧ヶ峰。八ヶ岳連峰と富士、南アルプスや北アルプスの山並みを望む信州らしい高原だ。7月中旬には高原一面に黄色いニッコウキスゲが咲き乱れ、観光客の車でビーナスラインは大渋滞を起こす。

冬の霧ヶ峰を訪れるのは、カメラマンくらいだ。吹きさらしの高原はひとたび風が吹くと地吹雪が舞い、体感温度がぐっと下がる。翌日に備えるため、いつも立ち寄る「河童の湯」で体をほぐす。入浴後、寝場所の霧ヶ峰スキー場に向かう。

車山の肩を過ぎ、下りに差しかかると、東の稜線から赤い月が昇り始めた。予期せぬ出来事に、焦って撮影場所を探す。車を止め急いで三脚をセット。車山山頂にかかる薄雲が月の光でほの白く浮かび上がり、稜線を舐めるように這っていた。撮影に夢中になっていると、しばらくして寒さに気づく。風呂上がりで薄着なうえ、足元は運転用のサンダルだった。Y

霧ヶ峰より富士山／長野県諏訪市1月

Data

撮影場所：長野県諏訪市

撮影月：1月

アクセス：

①JR上諏訪駅諏訪湖口から、バス30分。

②中央自動車道諏訪ICから、国道20号線、県道194号線霧ヶ峰東餅屋線経由、17km。

月光に浮かぶ車山

弥彦村の満月

〔新潟県 弥彦村 ９月〕

059 in NIIGATA

弥彦山の山頂で 月は東に日は西に

新潟県の最北部に位置する村上市。その北部の日本海に浮かぶ粟島と対峙する海岸に笹川流れがある。新潟県の代表的な風景で、国の名勝ならびに天然記念物に指定されている。一番の見所は、巨岩の真ん中に天然のトンネルが貫通している眼鏡岩で、日本海に沈む夕日も見応えがある。夕日を撮影後南下して、弥彦に向かう。

新潟市の南西に位置する標高６３４ｍの弥彦山は、その山麓に弥彦神社と温泉があり、車でもロープウェイでも上れる。９月中旬、中秋の名月を狙って弥彦山に上る。18時、山頂の駐車場から日本海に沈む夕日を撮影中、振り向くと満月が昇り始めた。場所を変えて、今度は月の撮影。傍らのススキに月が映える。名月とススキはまるで仲のよい恋人同士のようなものだ。実によく似合う。

撮影を終えて、車に戻り夕食の準備。車窓から月を愛でながら、新潟の酒と日本海の魚に舌鼓を打つ。Y

稲架木と弥彦山／新潟県弥彦村9月

名月にススキはよく似合う

Data

撮影場所：新潟県西蒲原郡弥彦村

撮影月：9月

アクセス：

①JR弥彦線弥彦駅から徒歩20分、弥彦山ロープウェイ山麓駅からロープウェイで5分、山頂駅下車、徒歩15分。

②北陸自動車道三条燕ICから国道289号線経由、13km、25分。

中秋の名月／新潟県弥彦村9月

雄国沼月明かり

〔福島県 北塩原村 10月〕

060 in FUKUSHIMA

月明かりに浮かび上がる山間の雄国沼

湖面を照らす月明かり

磐梯山《ばんだいさん》の西方の猫魔ヶ岳や雄国山などを外輪山に持つ雄国沼は、標高１０００ｍに位置するカルデラ湖だ。湖畔の湿地には約２８０種類の湿原植物群落が見られ、国の天然記念物に指定されている。特に6月下旬から7月上旬に咲く、ニッコウキスゲの群落は見事である。

雄国沼へ行くには磐梯高原側からは登山道しかなく、車では喜多方市側からしか入れない。秋の雄国沼を撮影するため、山道を走り雄国沼の駐車場に車を止め、近くの展望台へ日の出の方向の確認に行く。日の出といっても周囲は山なので、朝焼けの撮影になる。

秋の夕暮れは早く、すでに薄暗い。確認して車に戻ろうと歩き始め、ふと振り返ると山の上から月が出てきた。慌てて車に戻り、カメラと三脚を持ち出して、展望台から撮影を始めた。月が昇るにつれ、湖面が月明かりで光り始めた。湖畔の木々と光る湖面。印象的な風景であった。 T

雄国沼の朝焼け／福島県北塩原村10月

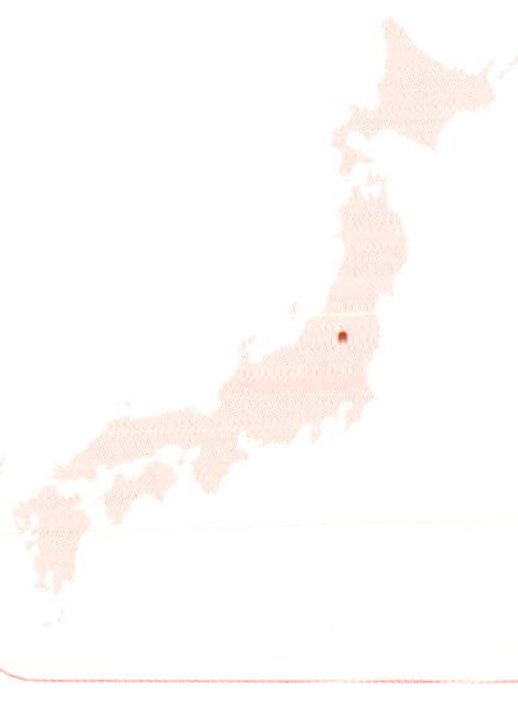

Data

撮影場所：福島県耶麻郡北塩原村

撮影月：10月

アクセス：

①JR猪苗代駅から喜多方行きバス、雄国沼登山道下車、徒歩1時間40分。

②磐越自動車道会津若松ICから国道121号線経由、約50分。

第3章

夢幻の中へ

鮮やかな色彩あふれる風景、空中から眺めた雄大な風景、奇岩や水道橋の放水などの珍しい風景、単一色の濃淡や明暗で構成された風景を集めた。まだ見ぬ日本の絶景に出会えるはずだ。

Part 1
彩りの風景

061 嵐山の紅葉 in KYOTO

〔京都府 京都市 11月〕

紅葉を愛でる優美な舟下り

平安の雅と厳粛な佇まいの古都

日本の文化の中心だった「千年の都」京都には、数多くの由緒ある神社仏閣が存在する。優雅でしかも厳粛な佇まいと趣ある庭園は、四季それぞれに美しい。

桂川に沿った嵐山は、桜と紅葉の名所で、京都市の西部に位置する。北側は嵯峨野と呼ばれ天龍寺や大覚寺、二尊院があり、南には標高382mの嵐山、ヤマブキが咲く松尾大社や苔寺の西芳寺がある。

紅葉盛りの11月下旬、観光客が動き出す前の早朝、左岸から朝日に照らされた紅葉と渡月橋を撮影。その後、左岸の遊歩道を上流に向かう。そこにも毎年鮮やかに紅葉する楓がある。川面に覆いかぶさるように枝を張る紅葉と桂川の緑の流れに風情を感じる。

8時半頃、待ちに待った舟下りの船がやっと来た。竹竿を操る法《はっ》被《ぴ》姿《すがた》の船頭が絵になる。紅葉の葉裏からのぞくと、まるで平安絵巻を見ているようだ。紅葉は逆光に透かして見ると一層鮮やかだ。Y

宝厳院庭園／京都府京都市11月

朝の渡月橋／京都府京都市11月

野宮神社／京都府京都市11月

Data

撮影場所：京都府京都市右京区

撮影月：11月

アクセス：

①JR嵯峨嵐山駅下車、徒歩15分。

②名神高速道路京都南ICから国道1号線経由、県道29号線で嵐山まで12.5km、30分。

矢勝川堤のヒガンバナ

〔愛知県 半田市 9月〕

062 in AICHI

童話の里に映える赤いヒガンバナ

9月下旬から10月上旬、愛知県半田市岩滑《やなべ》地区の矢勝川堤には、東西約2kmにわたり、200万本ものヒガンバナが咲き誇る。近くには、若くして亡くなった童話作家、新美南吉記念館がある。半田市は新美南吉の出身地であり、彼の作品の一つ『ごん狐』の物語は多くの人達に知られている。ごん狐の舞台である矢勝川の堤に、物語に登場するヒガンバナを植栽したことが始まりで、広大なヒガンバナの花畑ができた。

9月下旬、ヒガンバナが見頃というニュースを見て、矢勝川堤のヒガンバナもよいと思い、撮影に出かけた。近くの駐車場で車中泊をして朝を迎える。天気は曇りだが、ヒガンバナの赤が映えて写欲が湧いてくる風景だ。犬を連れて散歩する人、ジョギングをする人、子供連れの家族。思い思いに散策を楽しむ人達を点景に、ヒガンバナを手前に強調した構図でまとめてみた。T

Data

撮影場所：愛知県半田市岩滑西町

撮影月：9月

アクセス：

①名古屋鉄道半田口駅から徒歩約10分。

※開花時期は有料シャトルバス運行。

②知多半島道路半田ICから約2.5km、約5分。

赤い絨毯を敷き詰めたようなヒガンバナ

国指定天然記念物の神代桜／山梨県北杜市4月

尾白川渓谷神蛇滝／山梨県北杜市7月

実相寺の桜

〔山梨県 北杜市 4月〕

063 in YAMANASHI

桜の中の巨大桜と春の絶景

白壁の塀で囲まれた実相寺の境内は広い。山門をくぐると左側にスイセンの花畑があり、それを囲むように、樹齢50年から１００年の桜が30本ほど並んでいる。山門付近からは、スイセンの花畑と桜、その向こうには残雪の南アルプスが見える絶景である。この風景を見るのは、晴れた日の順光になる午前中がよい。

実相寺境内の一角に樹齢２０００年といわれる神代桜がある。日本《やまと》武尊《たけるのみこと》が東征の際に、この地にとどまり桜を植えたといわれ、鎌倉時代に日蓮聖人がこの桜の衰えを見て、回復を祈ったところ蘇ったとい

スイセンの花畑と桜群の背景には残雪の南アルプス

う伝説から、妙法桜とも呼ばれている。樹高10・3m、幹回り11・8m、日本最古最大級の桜として、大正時代に日本で最初の国指定天然記念物に指定された。日本五大桜および日本三大巨桜の一つに数えられている。この桜は午後の光が順光になる。

神代桜から約12㎞の所に、一本桜であるわに塚の桜(韮崎市)がある。こちらの桜も見応えがあるので、足を延ばしたい。T

Data

撮影場所：山梨県北杜市武川町

撮影月：4月

アクセス：

①JR日野春駅からタクシー約15分、JR韮崎駅からバス約30分、実相寺神代桜下車。

②中央自動車道須玉ICから県道、国道20号線、県道経由、約15分。

玉原《たんばら》高原のラベンダー

〔群馬県 沼田市 7月〕

064 in GUNMA

四季を通じて見所の多い玉原高原への道筋

標高約1300mの高原に広がるたんばらラベンダーパークは、冬はスキー場としてスキーやスノーボードが楽しめ、7月中旬から8月中旬にはゲレンデに爽やかな甘い香りが漂い、紫色の絨毯を敷き詰めたようにラベンダーが咲き乱れる。ゲレンデの斜面に咲いているので、一部リフトが利用できる。奥には眼下に広がるラベンダー畑を一望できる展望台がある。

沼田市内から玉原高原に向かう県道266号線沿いには、桜の名所が多くある。沼田市内にある沼田公園(沼田城址)と公園にある彼岸桜の御殿桜、中発知《なかほっち》にある発知の彼岸桜、上発知にある発知の枝《し》垂《だれ》桜などがよく知られていて、どれも一見の価値がある。

天狗の寺として知られている迦《か》葉山《しょうざん》弥勒寺にも寄ってみるとよい。ラベンダーパークと同じ玉原高原にある玉原湿原は、別名小尾瀬と呼ばれるほど貴重な高層湿原で、ブナ林に囲まれた湿原と遊歩道がある。 T

Data

撮影場所：群馬県沼田市玉原高原
撮影月：7月
アクセス：
①JR沼田駅からバス、ラベンダーパーク行き約50分、終点下車。
②関越自動車道沼田ICから県道266号線経由、約30分。

逆光に光る上発知の枝垂桜／群馬県沼田市
4月

夏空の下、一面に広がるラベンダーの花畑

モモとスモモの花畑

065 in YAMANASHI

〔山梨県 笛吹市 4月〕

ピンクと白で埋めつくされた桃源郷を歩く

山梨県では多くの果物の生産が行われ、その中でもブドウ、モモ、スモモの収穫量は日本一である。特に甲府盆地付近で栽培が多く行われており、4月の上旬には甲府盆地はモモや桜の花で埋めつくされ、まさに桃源郷である。

モモの花の観賞ポイントは一宮町の花見台周辺、境川町のみやさか道付近、八代町ふるさと公園、八代町奈良原地区広済寺付近、一宮町釈迦堂周辺、御坂町みさか桃源郷公園周辺、などあげていくと切りがないぐらいだ。モモの花は薄桃色から濃紅色まで様々な色があるが、スモモは白い花が咲く。

私が撮影したモモとスモモの花畑は八代町ふるさと公園の近く、笛吹市八代町を走る県道36号線から少し脇に入ったところにある。山の斜面にバランスよくモモのピンク色とスモモの白色が並んでいたので、やや高いアングルにして少しでも花が多く写るようにした。光線もよく花が浮き上がるようだった。T

Data

撮影地：山梨県笛吹市八代町

撮影月：4月

アクセス

①JR石和温泉駅からバスで約25分、下之川下車。

②中央自動車道一宮御坂ICから国道137号線、県道34号線、県道36号線経由、約15分。

山の斜面を彩るモモとスモモ

霧の磐井川

〔岩手県一関市 5月〕

066 in IWATE

磐井川沿いの長閑《のどか》さと美しさ

磐井川は岩手県、宮城県、秋田県にまたがる栗駒山の北斜面を源に、全長36㎞を経て一関市で北上川に合流する一級河川である。岩手県一関市から栗駒山を経て秋田県の湯沢市方面に行く国道342号線沿いを、磐井川は流れている。

栗駒山から17㎞ほど下ると磐井川の流れを堰き止めた人造湖、矢《や》櫃《びつ》ダムが見える。ここは近くに温泉があるせいなのか、水の色がエメラルドグリーンになることがある。磐井川をまたぐ昇仙橋の脇の駐車場に車を止め、橋の上から見ると、エメラルドグリーンの水面が周りの風景に溶け込み美しい。

矢櫃ダムから少し一関市街方面に行くと骨寺村荘園遺跡がある。長閑《のどか》な田園里山の風景が見られる所で、鎌倉時代に描かれた絵図がそのままの景観で現存する遺跡として知られている。

霧に包まれ幻想的な水の色を見せる矢櫃ダム

骨寺村荘園遺跡／岩手県一関市5月

さらに一関市街方面に行くと、磐井川が巨岩を浸食し、両岸に切り立つ岩肌が特徴である渓谷の厳美渓がある。ここは、国の名勝天然記念物に指定されている。栗駒山から一関市までの磐井川沿いは、見応えのある風景が続く。T

厳美渓／岩手県一関市6月

Data

撮影場所：岩手県一関市厳美町
撮影月：5月
アクセス：
①JR一関駅前からバス須川温泉行きで、矢櫃ダム下車。
②東北自動車道一関ICから国道342号線、約20km。

ポピー畑と筑波山

【茨城県 下妻市 5月】

067 in IBARAKI

初夏の日差しを受け一面に広がるポピーの花畑

青空の下で花と自然に囲まれ心豊かになる

茨城県下妻市にある、小貝川の河川敷を利用した「小貝川ふれあい公園」は、自然観察ゾーン、スポーツゾーン、フラワーゾーン、ネイチャーセンターなどのエリアに分かれており、家族連れや若者のグループなどが楽しんでいる。このフラワーゾーンには、5月にポピー、9月にコスモスが咲き誇る。

小貝川ふれあい公園フラワーゾーンへはいつでも行くことができるので、近くの道の駅で車中泊をして、夜明け前からポピーの花畑を撮影した。同公園から見て東側に筑波山があるので、朝焼けから日の出と一面のポピー畑、筑波山が撮影できる。しばらく待ち、順光になったら青空での撮影になる。青空の下で花と自然に囲まれていると、癒されて心が豊かになり気持ちがよい。

約200万本ものポピーの花は、コスモスが終わった後の10月中旬に種まきが行われ、5月下旬に花が咲き、訪れた人達の目と心を楽しませてくれる。T

小貝川と筑波山／茨城県筑西市12月

Data

撮影場所：茨城県下妻市

撮影月：5月

アクセス：

①常総線下妻駅から土浦駅行き、またはつくばセンター行きバスで比毛下車、徒歩5分。

②常磐自動車道土浦北ICから国道125号線経由、約40分。

菜の花畑とアルプス

〔長野県 白馬村 5月〕

068 in NAGANO

北アルプスが間近に迫る菜の花畑

長野県西北部に位置する白馬村は、北アルプス山麓に広がる村である。冬はスキーヤーで、夏は登山客で賑わい、避暑地としても人気がある。村名は北アルプスの白馬岳《しろうまだけ》に由来するが、「はくば村」と読む。

白馬村の中心地から長野市へ至る国道４０６号線を東へ１㎞ほど行くと、姫川を渡る。この付近には茅葺民家があり、手前には川が流れ、奥には北アルプスを望む、日本の典型的な故郷の風景が楽しめる。さらに４㎞ほど進むと白馬夢農場の入り口があり、約２㎞の林道を上って行くと駐車場に着く。

駐車場から徒歩で小高い丘を上

Data
撮影場所：長野県北安曇郡白馬村
撮影月：5月
アクセス：
①JR白馬駅からタクシーで約25分。
②上信越自動車道長野ICから県道35号線、国道18号線、国道406号線経由、約70分。

アルプスの麓に春の訪れを告げる菜の花

姫川と北アルプス／長野県白馬村5月

ると視界が開け、一面の菜の花畑になる。菜の花畑の向こうには雪が残る北アルプスが間近に迫り、春らしさを感じさせて、写真撮影には絶好のロケーションである。6月にはカモミールとそばの花、7月にはラベンダーも咲く。幾つかのトレッキングコースもある所である。T

秘境へ誘う赤い架け橋

黒部峡谷鉄道

〔富山県 黒部市 7月〕

069 in TOYAMA

峡谷の清流と緑に映える赤い鉄橋

富山市の東に位置する宇奈月《うなづき》温泉は、黒部川に沿ってホテルや旅館が立ち並ぶ、富山を代表する温泉地だ。この温泉は6km上流の黒薙《くろなぎ》から配管で引かれていて、駅前には温泉の噴水がある。そこから少し先が黒部峡谷鉄道の宇奈月駅。

駅のすぐ先にある高台がやまびこ展望台で、ここに立つと真下に黒部峡谷鉄道の新山彦橋が見える。豊かな緑に囲まれた黒部川と、そこに架かる赤い鉄橋を渡る電車は、まるでプラモデルのようだ。

沿線の最初の見所は黒薙で、駅から20分の所に宇奈月温泉の源泉がある。鐘釣《かねつり》では河原に露天風呂があり、万年雪が見られる。終点の欅平《けやきだいら》では、黒部峡谷らしい特別天然記念物の猿飛峡や奥鐘山を間近に見ることができる。

夕方、能登半島の入り口にあたる道の駅氷見へ移動。ここには風呂もあり、市場では富山湾特産の新鮮な刺身が買える。車中泊するには、理想的な道の駅だ。Y

新山彦橋を行く黒部峡谷鉄道／富山県黒部市7月

紅葉盛りの黒部峡谷／富山県黒部市11月

Data

撮影場所：富山県黒部市

撮影月：7月

アクセス：

①JR富山駅から富山地方鉄道で終点の宇奈月温泉駅下車、徒歩すぐ。

②北陸自動車道黒部ICから県道53号線、県道14号線で13km、20分。

黒部峡谷鉄道・宇奈月駅／富山県黒部市7月

070 羊山公園の芝桜

〔埼玉県 秩父市 4月〕

in SAITAMA

鮮やかな芝桜の模様が丘陵に広がる

広大な芝桜の花畑がある様々に楽しめる公園

秩父市街を一望する羊山公園の芝桜の丘。広大な敷地には、色とりどりの芝桜9種類、約40万株が植えられていて、南側には秩父のシンボルである武甲山の雄大な姿が望める。芝桜は2000年から植えられ始め、年々観光客が増えている。見頃は、4月中旬から5月上旬。

シーズンには多くの観光客が訪れるので、人の少ないうちに撮影したいが、朝早くだと光線が気になる。太陽が低いと丘を囲む森が黒くつぶれて質感が出ないのだ。時間が経つと多くの人達が来るが、全体の光と色を優先させたいので、人々をあまり目立たせず、点景として画面に入れるようにした。

羊山公園には他に、秩父市街が一望できる見晴しの丘があり、「やまとーあーとみゅーじあむ」「武甲山資料館」がある。ふれあい牧場、桜の木が植栽された芝生広場、菖蒲田、わんぱく広場などもあり、大いに楽しめる公園である。ちなみに羊山は、戦前に県の綿羊種畜場があり、羊を飼育していたことから、羊山と呼ばれるようになったといわれている。T

Data

撮影場所：埼玉県秩父市

撮影月：4月

アクセス：

①西武鉄道西武秩父駅、横瀬駅から徒歩約20分、またはタクシー。

②関越自動車道花園ICから国道140号線、皆野寄居バイパス利用、約25km。

花の絨毯を広げた芝桜の丘／埼玉県秩父市4月

小安峡の紅葉

〔秋田県 湯沢市 10月〕

071 in AKITA

約60mの高さの橋から色とりどりの渓谷を俯瞰する

小安峡は、栗駒国定公園の秋田県側からの入り口にある。小安峡温泉は古くからの名湯で、多くの温泉ファンが訪れる。皆瀬川が深いV字峡を作る小安峡の底を流れる渓谷には遊歩道があり、遊歩道の脇にある断崖の裂け目から温泉が噴出する小安峡大噴湯は、別名地獄釜とも呼ばれている。

10月中旬、小安峡は紅葉の盛りを迎える。紅葉の小安峡を見るには、皆瀬川に架かる高さ約60mの川原湯橋が絶好のビューポイントだ。

小安峡の夏／秋田県湯沢市8月

雪の小安峡／秋田県湯沢市2月

錦秋という言葉が似合う渓谷美

上流を見ると大噴湯からもくもくと上がる蒸気と渓谷美が望め、下流を見ると赤、黄色、オレンジ色の紅葉に緑が混じる美しい彩りの谷に、皆瀬川が下流へと流れていく。

ここから小安峡温泉の先にも皆瀬川沿いに紅葉の美しい所があり、小安峡から約18kmで栗駒山まで行けるので、足を延ばすのもよいだろう。また木地山高原、泥湯も近くにある。T

Data

撮影場所：秋田県湯沢市

撮影月：10月

アクセス：

①奥羽本線湯沢駅からバスで約1時間、河原湯またはスキー場入口下車。

②湯沢横手道路湯沢ICから国道398号線経由、約45分。

雪の天橋立

（京都府 宮津市 2月）

072 in KYOTO

久しぶりの青空に映える天橋立

宮津湾に架かる雪化粧した天然橋

京都府北部の宮津市に位置する天橋立は、北の府中と南の文殊地区を結んでいる砂州だ。約7000本の松が茂る天橋立の幅は15mから170mで長さは3.6㎞。そこには白砂青松を絵にしたような光景が広がっている。外海の宮津湾に対して、内海を阿蘇海という。

めったに晴れない冬の荒れた日本海が好きでよく出かける。この年は、雪化粧した天橋立が撮りたくて、周辺を撮影しながら条件待ち。山陰地方に大雪注意報が出たので、城崎から天橋立に移動する。

前日降り続いた雪も止み、民家の屋根や木々の梢に雪が積もっていた。阿蘇海に面した与謝野町から朝の天橋立を撮る。南にある天橋立ビューランドへのモノレールとリフトは9時から動く。始発に乗り、周辺をロケハンしていると雪が降り出した。降ったり止んだりの繰り返しだ。朝食を食べていないので、展望レストランで早めの昼食。正午頃に青空がのぞいてきた。Y

Data

撮影場所：京都府宮津市

撮影月：2月

アクセス：

①北近畿タンゴ鉄道天橋立駅から徒歩3分、リフトで展望台へ。

②宮津与謝道路宮津天橋立ICから県道9号線、国道176号線、県道2号線で4.5km、そこからリフト。

大内峠一字観公園より朝の天橋立／京都府与謝野町4月

笹葺屋根の里／京都府宮津市7月

鶏頂山遠望

〔栃木県 日光市 7月〕

073 in TOCHIGI

関東平野を一望する キスゲの高原

東武日光の北を走る霧降高原道路を行くと名瀑の霧降ノ滝やキスゲ平園地に着く。霧降ノ滝は高さ75mで2段に分かれている。対岸の樹林を流れ落ちる滝は、紅葉に包まれる秋が特に美しい。7月中旬、梅雨明け間近のキスゲ平園地では、黄色いニッコウキスゲが高原の斜面を彩る。以前は観光リフトが動いていたが、今は１４４５段の階段が設置されている。

キスゲ平園地の先に六方沢がある。沢をまたぐ六方沢橋は長さ３２０ｍのアーチ型で谷底まで１３４ｍもあり、橋の上から下を

霧降高原／栃木県日光市7月

霧降ノ滝／栃木県日光市11月

霧降高原から望む美しい山並み

のぞくと足がすくむ。橋の手前に、東に展望が開けた駐車場がある。

　そこから正面に鶏頂山や釈迦ヶ岳の山塊が望める。夏の時期はちょうどこれらの山から太陽が昇る。この日はあいにくの梅雨空だったが、薄いもやが青い山並みを引き立ててくれた。この先、栗山村方面に行くと大笹牧場があり、高原で食べるジンギスカン鍋が最高だ。Y

Data

撮影場所：栃木県日光市

撮影月：7月

アクセス：

①JR日光駅・東武日光線東武日光駅から東武バス大笹牧場行きで約30分、霧降高原下車、徒歩3分。

②日光宇都宮道路日光ICから県道14号線、県道169号線で13.5km、30分。

〔滋賀県 長浜市 11月〕

余《よ》呉《ご》湖《こ》

074 in SHIGA

壮絶な戦いの古戦場からの長閑《のどか》な風景の眺望

琵琶湖八景の一つの賤ヶ岳《しずがたけ》は、琵琶湖の最北部、長浜市にある。山頂から、北側に羽衣伝説の余呉湖、南西には奥琵琶湖と比良山系、東側には伊吹山が望める景勝地だ。1583年に羽柴秀吉（豊臣秀吉）と柴田勝家が覇権を争った、賤ヶ岳合戦の戦場でもある。

ハイキングコースが整備されているがリフトもあり、誰でも気軽に標高421mの山頂付近まで行くことができる。朝一番のリフトに乗ること6分。リフトを降りて約300mの山道を登ると山頂西側の展望台から奥琵琶湖の絶景が眼下に広がる。

余呉湖が一望できる山頂に移動すると、秋の爽やかな空気が漂い、遠景まで見渡せる。期待通り、紅葉を手前に快晴の余呉湖を撮影できた。壮絶な戦いだったといわれる賤ヶ岳の合戦を想像しながら、長閑《のどか》な風景を楽しんだ。T

菅並のケヤキ（滋賀県指定自然記念物）／滋賀県長浜市8月

Data

撮影場所：滋賀県長浜市木之本町

撮影月：11月

アクセス：

①JR木ノ本駅からバス、大音下車。

②北陸自動車道木之本ICから1.5km、約3分。

賤ヶ岳山頂から望む余呉湖

竹田城跡から望む虎臥城大橋

075 in HYOGO

虎《とら》臥《ふす》城《じょう》大橋

〔兵庫県 朝来市 11月〕

雲海に浮かぶ山城の町

兵庫県の北東部に位置する朝来《あさご》市。10年ほど前まではほとんど知られていない地であったが、近年、竹田城跡が「天空の城」、「日本のマチュピチュ」ともてはやされ、大変な観光ブームになっている。その魅力は雲海に浮かぶ山城。町から古城山山頂を見上げると、南北に連なる城郭の石垣が見える。

雲海が発生する時期は9月から11月の早朝。昼と夜の気温差が大きく、晴れていて風がない時、時間的には夜明けから9時頃までに雲海が発生する。太陽が昇り気温が高くなると、雲海は徐々に薄らいでしまう。朝来の雲海は、町を南北に流れる円山川から発生する霧によって起こる。

2010年晩秋の早朝、真っ暗な中、懐中電灯を頼りに城跡を目指す。その日は雲海が出なかった。2時間は過ぎたであろうか、7時頃に雲間から日が射し、城郭を照らした。8時、今度は城の北側からアーチ型の橋桁が特徴の播但連絡道路の虎臥城大橋を撮影した。 Y

Data

撮影場所：兵庫県朝来市和田山町

撮影月：11月

アクセス：

①JR西日本播但線竹田駅下車。シャトルバス。

②播但連絡道路・北近畿豊岡自動車道和田山ICから国道312号線経由、10分。

キスゲ咲く霧ヶ峰

〔長野県 諏訪市 7月〕

076 in NAGANO

四季の霧ヶ峰

長野県の霧ヶ峰は車山を中心に、標高１５００ｍから１９００ｍの緩やかな起伏が続く高原であり、ニッコウキスゲの名所として知られる。霧が多いためにこの名がついたという霧ヶ峰は、標高が高いため春の訪れが遅い。

5月に入ってもまだ雪が残る中、ようやく新芽が出始め、6月中旬にレンゲツツジが咲き、7月中旬にニッコウキスゲが高原を黄色く染め上げる。8月中旬までが花が多い時期である。8月下旬になると薄紫色のマツムシソウが咲き、10月に草紅葉となり、冬支度を迎える。

ニッコウキスゲは霧ヶ峰の至る所に咲いているが、車山に上るとニッコウキスゲの群落があり、天気がよいと北アルプスを望むことができる。白樺湖近くの大門峠から車山の裾を巻いて通り、八島ヶ原高層湿原近くを抜けて、美ヶ原を結ぶビーナスラインは、夏でも高原の爽やかな空気と絶景を楽しませてくれる快適なドライブコースである。T

キスゲの群落とアルプスを望む広大な風景

八島ヶ原湿原の朝焼け／長野県下諏訪町 8月

Data

撮影地：長野県諏訪市

撮影月：7月

アクセス：

①JR上諏訪駅からバスで約50分、車山高原下車、徒歩約20分。

②中央自動車道諏訪ICから国道20号線、県道40号線経由、約50分。

霧ヶ峰ビーナスライン／長野県諏訪市7月

朝陽を浴びる北山崎

【岩手県 田野畑村 10月】

077 in IWATE

ダイナミックな断崖絶壁を朝陽が染める

２０１３年５月、東日本大震災により被災した三陸地域の復興に貢献するため、今までの陸中海岸国立公園の範囲が青森県八戸市の蕪島から宮城県石巻市と女川町にまたがる牡鹿半島まで広がり、新しく三陸復興国立公園となった。

三陸復興国立公園は、北部は典型的な隆起海岸で、断崖絶壁が続く。南部は典型的な陸地の沈降によるリアス式海岸である。岩手県田野畑村にある北山崎は、三陸復興国立公園を代表する景観の一つであり、高さ約２００ｍもの断崖

光る海北山崎／岩手県田野畑村2月

別名海のアルプスと呼ばれる断崖絶壁の北山崎

黒崎灯台／岩手県普代村10月

絶壁が約8㎞も続くダイナミックな風景が見られる。

　朝陽が北山崎の断崖を照らすところを撮影するために、駐車場で車中泊をして、夜明けに懐中電灯を頼りに階段を15分ほど下り、海に一番突き出た第三展望台近くから狙う。ここの方が奥行きと高さが表現できるからだ。やがて朝陽が当たり始め、絶壁が朝陽に染まっていく狙い通りの作品が撮れた。T

Data

撮影地：岩手県下閉伊郡田野畑村
撮影月：10月
アクセス：
①三陸鉄道普代駅からバス約30分、北山崎下車。
②東北自動車道盛岡南ICから国道106号線、45号線経由、約3時間。

紫《し》雲《う》出《で》山《やま》の展望

【香川県 三豊市 4月】

078 in KAGAWA

桜咲く光長閑《のどか》な瀬戸内の岬

香川県の紫雲出山は、瀬戸内海に細長く突き出した荘内半島に位置する。山頂からは北に笠岡諸島をはじめ水島灘や倉敷を望み、東は眼下に粟島、その背後に丸亀市や讃岐富士の流麗な飯野山を見ることができる。また南には東西に連なる四国山脈の峰々を仰ぎ、西に目をやると燧灘《ひうちなだ》の彼方に今治と尾道を結ぶしまなみ海道が望める。

3月末から4月初旬、紫雲出山の山頂付近では1000本のソメイヨシノが咲き競い、春の長閑《のどか》さを感じさせてくれる。幾重にも重なる桜の波の向こうに、キラキラと光る青い海。宮城道雄の「春の海」の箏の音が聞こえてくるような光景が

広がっていた。山頂の展望台から見下ろすと、波静かな瀬戸内の海に箱崎が張り出していた。

　夕方、再び山頂展望台に立つ。西に傾いた夕日が瀬戸内の海に、真っ直ぐに延びる黄金色の道を描いている。行き交う船は黄金色の道をゆっくりと横切っていった。Y

桜咲く紫雲出山より観音寺方面／香川県三豊市4月

桜の名所から見下ろす
長閑な瀬戸内の漁村

紫雲出山より夕日に光る海／香川県三豊市4月

Data
撮影場所：香川県三豊市
撮影月：4月
アクセス：
①JR詫間駅からコミュニティバス紫雲出山登山口下車、徒歩約1時間。
②高松自動車道三豊鳥坂ICから詫間町方面へ22.3km、33分。

Part 3

奇景の風景

079 阿波の土柱

〔徳島県 阿波市 11月〕

in TOKUSHIMA

波濤嶽／徳島県阿波市11月

世界三大土柱の一つ、風雨に浸食された土柱

阿波の土柱は世界三大土柱の一つといわれ、アメリカのロッキー山脈とイタリアのチロル、そして日本では阿波だけでしか見ることができない貴重なものだ。約130万年前の砂岩層の切り立った断崖が、長い年月をかけ風雨に浸食されてできた土の柱の高さは10mから18mほどある。

波《は》濤《とう》嶽《がだけ》といわれる高さ13m、南北90m、東西50mの巨大な土の群立は国指定の天然記念物であり、一帯は土柱高越県立自然公園に指定されている。遊歩道が整備され展望

脇町のうだつの町並み／徳島県美馬市11月

遊歩道を歩き土柱上方から見る／徳島県阿波市11月

世界でも有数の自然が創り出した芸術

台もあるので、いろいろな角度から土の柱を見ることができる。

　土柱から近い美馬市脇町の「うだつ」の町並みは、重要伝統的建造物群保存地区に指定されている。うだつとは、屋根の両端に取り付けられた防火用の小壁のことで、装飾用でもある。うだつを上げるためには、費用がかかるので、比較的裕福な家に多かった。これが生活水準や地位が上がらないという意味の、「うだつが上がらない」の語源になったといわれている。 T

Data

撮影場所：徳島県阿波市阿波町

撮影月：11月

アクセス：

①徳島自動車道阿波PAから徒歩10分。JR阿波山川駅、JR穴吹駅からタクシー約15分。

②徳島自動車道脇町ICから国道193号線、県道経由、10分。

080 in AOMORI

仏ヶ浦

【青森県 佐井村 8月】

奇岩連なる下北半島の名勝

青森県の北部に突き出た二つの半島。東が下北半島で、西が津軽半島だ。マグロの一本釣りで有名な下北半島の大間は本州最北端の地。ここで食べた「うに丼」は、ご飯の上に厚盛りで、味は濃厚。今でもその味が忘れられない。

仏ヶ浦は大間から国道338号線の通称「海峡ライン」を南下した地点にある。福浦地区を過ぎると、険しい山道の連続となり、八柄《はちがら》間山《まやま》の山麓を大きく迂回した所に仏ヶ浦展望台がある。展望台に立

つと険しい断崖が続く一角に、薄い緑色をした奇岩が林立している様子が、手に取るようにわかる。

　仏ヶ浦の駐車場から海岸までは、急な階段を15分ほど下る。下っている最中に、重い機材を背負ってまたここを上るのかと、つい帰りの苦労を想像してしまう。

　海岸に着くと、そこには異次元の光景が広がっていた。複雑怪奇に浸食された緑色の巨岩の群れが覆いかぶさってくるようだ。Y

Data
撮影場所：青森県下北郡佐井村
撮影月：8月
アクセス：
①JR下北駅から大畑行きバスで約10分、むつバスターミナル下車、佐井行きに乗り換え約2時間。
②大間から国道338号線を南下、約37km、1時間。

願掛岩／青森県佐井村8月

仏ヶ浦／青森県佐井村8月

青い海と緑色凝灰岩が織り成す奇景

〔熊本県 山都町 8月〕

通潤橋《つうじゅんきょう》の放水

081

in KUMAMOTO

山里の田畑を潤した天に架かる橋

　熊本県の中央に位置する山都町。通潤橋は町を流れる五老ヶ滝川をまたぐように架かっている。この橋は人が渡る橋ではなく、江戸時代、水不足に悩む白糸台地の住民に対し、水を送るために造られた灌漑用《かんがいよう》のアーチ型水道橋だ。

　1854年、当時の惣庄屋「布田保之助」が、高い技術を持つ肥後の石工達を集め建設した。その長さは75・6m、高さは20・2mあり、国の重要文化財に指定されている。

　8月中旬の日曜日、通潤橋の放水があるという情報で、阿蘇から山

平行三棟づくり民家／熊本県山都町8月

通潤橋放水口／熊本県山都町8月

石橋から噴き出す豪快な水のアーチ

都町に向かう。正午に放水すると聞いていたので、10時頃に道の駅「通潤橋」に到着したが、すでに満車に近い状態。早速、周辺をロケハンして、撮影ポイントを確認する。

橋の上の係員が栓を抜くと、勢いよく放物線を描いて水が噴き出した。直後、裏側にも放水が始まる。橋の美しいアーチと左右に放出された水のアーチがクロスして、静と動の素晴らしい競演が始まった。 Y

Data

撮影場所：熊本県上益城郡山都町

撮影月：8月

アクセス：

①JR熊本駅から産交バス交通センター行きで10分、終点で熊本バス矢部行きに乗り換えて1時間20分、浜町下車、徒歩10分。

②九州自動車道御船ICから国道445号線経由で道の駅通潤橋まで29.7km、44分。徒歩5分。

082 浮《ふ》島《とう》海《かい》岸《がん》

〔静岡県 西伊豆町 12月〕

in SHIZUOKA

美しい海岸線と自然現象を見る

静岡県伊豆半島の西伊豆町に浮島海岸はある。観光地として名高い堂ヶ島の北隣にある浮島海岸は、夏には海水浴場になるが、透明度の高い海なのでダイビングスポットとしても人気がある。磯釣りの人達も多く訪れ、夕陽の名所でもある。

国道136号線から細い道を海岸の方へ入ると駐車場がある。その日の前が長さ200mほどの浮島海岸で、小さな石がごろごろとしている。駐車場から左側に歩くと、こちらは少し大きめの石がごろごろした海岸にいくつかの奇岩があり、海蝕された穴が開いている奇岩もある。その先は断崖絶壁が続き、遠くに堂ヶ島の海岸が見える。

浮島海岸から堂ヶ島の海岸にか

けては起伏に富んだ海岸線が美しい。浮島海岸から少し南に行くと、三四郎島がある。干潮時には幅約30mの浜ができて島まで渡れるが、満潮時には海の下に隠れてしまう。これを「トンボロ現象」という。他にも見る所の多い海岸である。T

光る海堂ヶ島／
静岡県西伊豆町
12月

堂ヶ島三四郎島／
静岡県西伊豆町
12月

堂ヶ島夕景／
静岡県西伊豆町
12月

海蝕により
創り出された
奇岩が続く

Data

撮影場所：静岡県賀茂郡西伊豆町
撮影月：12月
アクセス：
①修善寺駅からバスで松崎方面行、約1時間30分、浮島下車徒歩5分。
②東名高速道路沼津岡宮ICから県道83号線、国道246号線、国道1号線、国道136号線経由、約2時間。

四国カルスト

〔愛媛県 久万高原町 8月〕

083 in EHIME

四国の屋根は雄大なカルスト台地

日本三大カルストは山口県の秋吉台、福岡県の平尾台と四国カルストだ。四国カルストは四国の西部に位置し、愛媛と高知の県境に沿って広がる。標高1400m前後のカルスト台地だ。なだらかな丘陵に点在する無数の白い石灰岩は、緑の草原に放牧された羊の群れのようにも見える。

四国カルストの見所は大きく分けて天狗高原、五段高原、姫鶴平の三つのポイントがある。

日の出前、標高1485mの天狗森に上る。ここからは北に石鎚山塊、南は太平洋まで望める。天狗高原の西に五段城があり、緩やかにカーブする先に赤い屋根の牛舎と、その奥に風力発電の風車が見える。柵に近づくと、人懐こい黒毛の牛たちが近寄ってきた。このあたりは牧歌的で石灰岩も多く、カルスト台地らしい景色で好きだ。さらに西に行くと宿泊施設とキャンプ場がある姫鶴平で、ソフトクリーム売り場に列ができていた。Y

Data

撮影場所：愛媛県上浮穴郡久万高原町

撮影月：8月

アクセス：

①JR須崎駅から梼原行きで新田まで50分、新田から天狗荘行きで終点まで45分。

②松山自動車道松山ICから国道33号線、440号線、県道383号線で73km、1時間50分。

露出した石灰岩が羊の群れを思わせる

馬ノ背洞門

084

（神奈川県 三浦市 10月）

in KANAGAWA

断崖が長い年月をかけ浸食された洞門

海蝕奇岩と歴史ある大根畑を訪ねる

神奈川県三浦半島の南端に位置する三浦市城ヶ島は、周囲約４kmで東西に長く南北に短い横長の島で、城ヶ島大橋で結ばれている。詩人北原白秋ゆかりの地であり、城ヶ島大橋の脇には「雨はふるふる城ヶ島の磯に利休鼠の雨がふる」と唄う、「城ヶ島の雨」の碑が立つ。島の南端に赤羽根海岸があり、馬ノ背という海蝕奇岩がある。断崖が風や波に浸食され、天然の洞門になったものである。

私が訪れたのは、台風が通り過ぎた翌日、快晴の日だった。風もなく穏やかだが波は高く、海面には白波が立っていた。望遠レンズで洞門の向こうに大きな波が来るたびにシャッターを切ったことを思い出す。

三浦半島では、江戸時代初期から大根が栽培されていたという。練馬大根と三浦の地場大根の交配により、三浦大根の品種が生まれた。三浦半島の大根作りの歴史は古いのである。T

三浦大根の畑／神奈川県三浦市1月

Data

撮影場所：神奈川県三浦市三崎町

撮影月：10月

アクセス：

①京浜急行電鉄三崎口駅からバス、城ヶ崎行きで約30分、白秋碑前下車、徒歩約15分。

②三浦縦貫道林ICから国道134号線経由、約40分。

チャツボミゴケ

緑優しい神秘的な
緑の群落

〔群馬県 中之条町 7月〕

085 in GUNMA

苛酷な環境の中でのみ育つ珍しいコケ

7月下旬、ノゾリキスゲやコマクサなどの高山植物が咲く野反湖を訪ねる。夕暮れの野反湖を撮影して、今夜はここで車中泊。スーパーで買った刺身でビールを飲む。開け放した窓から入ってくる高原の風が心地いい。暗くなったのでルームライトを点けると、小さな虫がどんどん入ってきた。慌てて網戸をつけたのを思い出す。翌日は、早朝から野反湖を撮影して、チャツボミゴケ公園に移動する。

複雑な道筋のチャツボミゴケ公園だが、カーナビを頼りに何とか行き着く。公園の管理棟で300円を払い駐車場へ。そこから300mほど先にチャツボミゴケの群生地がある。チャツボミゴケは、硫黄などの酸性が強く、水の流れがある所だけに自生する。岩を包み込むコケは鮮やかな緑で、ビロードのような優しい柔らかさを見せている。6月の中旬には水辺の周りにレンゲツツジが咲き揃う。その頃にまた、ここに来よう。Y

Data

撮影場所：群馬県吾妻郡中之条町

撮影月：7月

①草津温泉駅からタクシーで約20分。

②関越自動車道渋川伊香保ICから国道17号線、353号線、145号線で長野原へ。新須川橋交差点右折国道292号線へ。約1時間30分。

チャツボミゴケ公園／群馬県中之条町 7月

四万川の甌穴群／群馬県中之条町 7月

本山岬

（山口県 山陽小野田市 5月）

086 in YAMAGUCHI

一つの被写体を様々な時間、アングルで撮影する

山口県山陽小野田市の南端が周《す》防灘《おうなだ》に突き出た先が本山岬で、本山岬公園が整備されている。満潮時には公園から海岸に出られないが、干潮時には海岸を歩くことができる。

海岸に出てみると、公園の展望台からは想像もつかない風景に出会う。宇部層群の礫岩層《れきがんそう》が海水に浸食された奇岩奇景が続くが、圧巻はくぐり岩という岩だ。長い年月をかけて海蝕され、不思議な形の岩が作り出されている。自然が作った壮観な景色には感動する。初めて本山岬を訪れてこの風景を見た時は、日本にもまだ知らない風景がたくさんあることを知らさ

朝焼けの本山岬／山口県山陽小野田市5月

西側より見る本山岬／山口県山陽小野田市8月

干潮の時には海蝕された奇岩の近くまで歩ける

れた気がした。

公園の駐車場で数日間、車中泊をして夜明けには起き、東側から西側を見た風景の朝焼け、夕方は西側から東側を見た風景の夕景、夜は月と組み合わせて、いろいろな角度、いろいろな時間で撮影してみた。その都度、岩肌の質感を出すのに注意しながらの撮影だった。近くに温泉があり毎日入りに行ったことが懐かしく思い出される。 T

Data

撮影場所：山口県山陽小野田市

撮影日：5月

アクセス：

①JR小野田駅からバス本山岬行き、本山岬下車、徒歩約5分。

②山陽自動車道小野田ICから県道71号線、国道190号線、県道223号線、県道354号線経由、約20分。

平尾台

〔福岡県 北九州市 7月〕

087 in FUKUOKA

緑の草原の白い羊の群れを追う

平尾台は、貫山712mの周辺に広がる標高300mから700mの日本有数のカルスト台地だ。福岡県北九州市にあり、千仏鍾乳洞、目白洞、牡鹿洞などの鍾乳洞が点在する。草原に白い石灰岩が羊の群れのように見えることから羊群原と呼ばれ、全体が国指定の天然記念物になっている。

私が訪れたのは、夏の暑い時期だった。平尾台と涼しい所を求めて上って行くと、駐車場が見つかり、そこで車中泊。朝起きると曇空だったが、草原の緑が綺麗なので撮影する気になり、カメラと三脚を持って、広々とした高原が見渡せる場所を求めて歩く。

イメージは草原に群れをなす羊たちの姿だ。いくつかの小高い所に上ってみたが、思うような場所が見当たらない。一心に歩き続けると、まさに草を食べる羊達の姿に似た石灰岩が並ぶ場所を見つけた。奥行きを表現するため、高い位置から撮影した。 T

Data

撮影場所：福岡県北九州市小倉南区

撮影月：7月

アクセス：

①JR石原町駅から、おでかけ交通、平尾台自然観察センター下車。

②九州自動車道小倉南ICから国道322号線、県道28号線経由、約10km。

天然記念物に指定される平尾台／福岡県北九州市7月

羊の群れのように見える石灰岩群

青い海と空に映える白いクルス

088 牛窓 in OKAYAMA

〔岡山県 瀬戸内市 11月〕

Data

撮影場所：岡山県瀬戸内市牛窓町
撮影月：11月
アクセス：
①JR岡山駅から赤穂線で30分、邑久駅下車。邑久駅から東備バス牛窓行きで20分。
②山陽自動車道山陽ICから県道37号線、県道28号線経由でホテルイルマーレ牛窓まで25.2km、37分。

エーゲ海の風が吹く瀬戸内の港

岡山市の東隣が瀬戸内市で、牛窓はその南に位置する。目の前に広がる瀬戸内海には細長い前島が横たわり、それを囲むように青島、黄島、黒島が浮いている。黒島には、干潮時に中ノ島と端ノ島の三つの島を結ぶ「黒島ヴィーナスロード」という、歩ける不思議な砂の道ができる。黒島へはホテルリマーニから船で行く。島のすぐ向かいは、香川県の小豆島だ。

牛窓港の西端の小高い丘の上に白亜の「ホテルイルマーレ牛窓」がある。そこからは青い海原と瀬戸内海の島々、そして眼下にヨットハーバーを見ることができる。屋上に出るとギリシャのエーゲ海に浮かぶサントリーニ島を思わせる、真っ白なアーチがある。フロントに撮影許可を求めたら、気持ちよく屋上に上がらせてくれた。

撮影を終え、隣の日生町に差しかかるとカキ専門の食堂が目白押し。カキオコ(カキのお好み焼き)がホクホクで美味しかった。 Y

七ツ釜

〔佐賀県 唐津市 5月〕

089

in SAGA

玄界灘の荒波が創造した海の洞窟

　佐賀県唐津市の七ツ釜は、柱状節理の玄武岩が荒波に削られてできた海食洞だ。海に向かって並んで口を開けている洞窟群は、大きいもので入り口の幅が3m、高さ3m、奥行きが110mもある。

　駐車場から七ツ釜に向かう。うっそうと生い茂る常緑樹林を抜けると芝生広場が広がり、そこを横切っていくと七ツ釜の展望台に着く。岬の先端部分は、五角形から六角形をした柱状節理の岩が規則正しく並び、なだらかに海に滑り込んでいた。波静かな洞窟入り口の海は青かった。展望台から見ていると、大型船は洞窟の入り口でUターン

海に向かって大きな口を開ける七ツ釜

Data

撮影場所：佐賀県唐津市

撮影月：5月

アクセス：

①JR唐津駅北口から昭和バス湊線呼子行きで35分、七ツ釜入口で下車、徒歩15分。

②今宿バイパス前原東ICから国道202号線、国道204号線経由で七ツ釜駐車場へ44.9km、1時間7分、そこから徒歩15分。

七ツ釜／佐賀県唐津市5月

朝の七ツ釜の磯／佐賀県唐津市5月

してしまうが、小型船は洞窟の中まで入っていった。遊覧船に乗るなら小型船がいい。

呼子町は毎日朝市が開かれる漁港で、ヤリイカは全国的に有名だ。生簀《いけす》で泳ぐイカの活き造りを注文すると、イカの形に盛られた透き通った刺身の足がうごめいていた。新鮮で歯ごたえがあり絶品だ。 Y

朝の七ツ釜／佐賀県唐津市 5月

Part 4
モノトーン風景

杉の美林

（熊本県 八代市 11月）

090 in KUMAMOTO

栴檀轟の滝／熊本県八代市11月

子守唄の山里に広がる杉の美林

熊本県の八代市に、日本の滝百選に選ばれた落差70mの栴檀轟《せんだんとどろ》の滝がある。滝の紅葉を撮りたくて、狭い山道をひたすら走る。山奥にしては広い駐車場があり、そこから滝見台まで15分。その先、滝壺まで行ける。紅葉の木々に抱かれて垂直に落下する滝は豪快だ。この後、まだ行ったことがない五木村に行くことにした。

五木はあの哀愁を帯びた「五木の子守唄」の里。道の駅「子守唄の里五木」には茅葺の古民家があり、傍らに赤ん坊を背負って子守りをする少女の像がある。近くに温泉施設「夢唄」があり、広々とした露天風呂が最高に気持ちがいい。今夜は、ここで寝ることにした。

翌日、夕日で有名な宇土市の御輿来海岸に行くため、県道25号線を走る。途中、切り立った巨大な白い岩壁が印象的な白滝公園を撮影。さらに山道を行くと、見事に手入れされた杉の美林が続く。その幾何学的な植樹に感動した。Y

Data

撮影場所：熊本県八代市泉町
撮影月：11月
アクセス：
①JR八代駅からタクシーで50分。
②九州自動車道八代ICから国道3号線、国道443号線、県道25号線で約26km、38分。

手入れが行き届いた見事な美林

斐伊川／
島根県出雲市
5月

朝の斐伊川と宍道湖／
島根県出雲市
6月

斐《ひ》伊《い》川《かわ》暮色

〔島根県 出雲市 6月〕

091 in SHIMANE

夕陽に染まる斐伊川の砂模様

自然が作り出す川の砂模様

斐伊川は島根県と鳥取県の県境にある船通山を源流として、いくつもの川と合流しながら宍道湖、中海を経て日本海に注ぐ、全長153kmの一級河川である。斐伊川には、古事記に残る須佐之男命《すさのおのみこと》の八岐大蛇《やまたのおろち》退治伝説がある。

斐伊川の平野部には、川の流れによる砂模様ができている。上流の風化しやすい花崗岩質の土砂が多く流されてきて、平野部の川底に堆積し模様を作り出すのだ。雨などで水嵩《みずかさ》の多い時は見られないが、晴れて水嵩の少ない時に砂模様が見られる。

出雲平野を流れる斐伊川を初めて見た時は、不思議な感じがして綺麗だと思った。そして、出雲平野を通るたびに気になり、いくつかの橋の上から斐伊川を見て回った。流れの模様のよい所で撮影する時、出雲の国は神と神話の国なので、それらしいイメージを持ちながら撮影した。出雲市周辺では出雲大社、稲佐の浜、日御碕などは訪れたい所である。 T

Data

撮影場所：島根県出雲市大津町
撮影月：6月
アクセス：
①畑北松江線大津町駅から徒歩約15分。
②山陰自動車道斐川ICから県道183号線、国道9号線経由、約7km。

メガネ岩

【千葉県 勝浦市 9月】

092 in CHIBA

台風の影響で黒い雲にも光が

メガネ岩は千葉県房総半島の東側、太平洋に面した勝浦市の勝浦湾西岸、尾名浦にある海蝕と風化によってできた岩である。

9月に房総半島の撮影に出かけ、順調に撮影をして数日経った頃、台風の接近を知ったが撮影は続けていた。ある夜、道の駅で車中泊をしていると風の音が強くなってきた。朝早く起きると、どんよりとした空で風も強い。

地図を見ると10数kmで勝浦の海岸に出るので、メガネ岩の朝の風景を撮影しようと、走り始めた。国道から県道に入り、少し行くと小さな砂浜がある海岸が見える。この海岸の右岸にあるのがメガネ岩だ。

空は黒い雲に覆われていたが、メガネ岩の上は少し雲が切れているので、隙間から陽が差さないかと待ってみたが、そこまではうまくいかなかった。自然の神は、黒い雲に少しの切れ目と光を与えてくれたのだと思った。T

Data

撮影場所：千葉県勝浦市

撮影月：9月

アクセス：

①JR鵜原駅から徒歩約15分。

②首都圏中央連絡自動車道市原鶴舞ICから国道297号線、国道128号線経由、約30km。

暗雲が垂れ込めるメガネ岩

窓岩

093 in ISHIKAWA

〔石川県 輪島市 10月〕

雨の夕暮れ、窓岩を幻想的に写す

夏の窓岩／石川県輪島市8月

夕暮れの荒れる海を幻想的に表現する

日本海に突き出た能登半島の輪島市と、半島の先端部の珠洲市との境近くに、曽々木海岸の象徴である窓岩がある。国の名勝および天然記念物に指定されたこの岩は、一枚の巨大な板岩で中央に窓のように直径約2mの穴が開いており、「昔、源義経がこの地を訪れた時、岩に向かい矢を射たところ、その矢が岩盤を貫き穴を開けた」という伝説がある。冬の日本海の荒海に立ち向かっているだけに、荒々しい奇岩に見える。

秋雨が降る夕方に窓岩に行った。風もあり波が荒れている。少し離れた所に岩がごろごろとした岩礁があり、波が押し寄せては砕けるのを見て、写欲が湧いてきた。長靴を履き雨具を着て、傘はカメラの雨除けに使う。岩に上がり、岩礁のバランスを考えてアングルを決める。スローシャッターを切ると波は霧のようだ。岩礁が雲海に浮かんでいるように、幻想的に撮ることを狙った。 T

Data

撮影地：石川県輪島市町野町
撮影月：10月
アクセス：
①のと鉄道七尾線穴水駅からバス、曽々木口下車、徒歩10分。
②のと里山海道能登空港ICから県道271号線、県道1号線、国道249号線経由、約37km。

足跡のパターンがおもしろい夏の砂丘

鳥取砂丘

〔鳥取県 鳥取市 7月〕

094 in TOTTORI

砂丘のキャンバスに描かれた足跡

鳥取市街のすぐ北に、日本一の鳥取砂丘が広がっている。その規模は幅2・4㎞、長さ16㎞に達する。この砂丘は、鳥取市を南北に流れる千代川の土砂が日本海に流出し、その後ここに堆積してできた。

砂丘に入ると緩やかな下りが続き、その先に大きな窪みがある。大雨の後や冬場に水がたまる様子は、まさに砂漠のオアシスだ。窪みの先は、壁のように立ちはだかる砂の丘で、馬の背と呼ばれている。風の強い日には、この馬の背にさざ波のような美しい風紋ができる。急な斜面には、雪崩の跡のような模様ができ、それを砂簾《されん》という。これらの模様は、朝夕の斜光線で見ると、より一層はっきりと立体的に見える。

砂丘の畑ではラッキョウや白ネギ、長イモが栽培され、鳥取の特産となっている。10月下旬から11月上旬には、畑一面にピンクのラッキョウの花が咲く。白ネギは、串に刺して焼くと甘味がでて美味い。Y

Data

撮影場所：鳥取県鳥取市福部町
撮影月：7月
アクセス：
①JR鳥取駅から日本交通・日の丸バス、鳥取砂丘(砂丘会館)行きで、終点下車。所要時間22分。
②鳥取市から国道53号線、国道9号線経由で県道319号線。

湖山池／鳥取県鳥取市7月

雪の鳥取砂丘／鳥取県鳥取市2月

雪の奥入瀬渓流

〔青森県 十和田市 2月〕

095 in AOMORI

奥入瀬・雲井の滝／青森県十和田市 5月

白と黒が作り出す静寂の世界

秋田県と青森県にまたがる十和田湖。そこから流れ出る唯一の川が奥入瀬川だ。明治の文豪・大町桂月が「住まば日の本、遊ばば十和田、歩けや奥入瀬の三里半」と詠ったように奥入瀬渓流は歩いてこそ、その魅力を感じることができる。その川が作り出す渓谷や流れが、日本有数の渓流美として知られる、誰もが憧れる奥入瀬渓流だ。

2月、雪の平泉中尊寺から奥入瀬に入る。夏とは違い、雪で道幅も狭く、撮影場所に車を置くにも苦労する。その上、積雪で川岸に近づくこともままならない。おのずと撮影場所も限定される。こんな場合、スノーシューが威力を発揮する。奥入瀬渓流に沿って走る道路が大きくカーブする、道幅の広い所に三脚を据える。このアングルは流れの中にたくさんの岩が露出しているので、そこに雪が積もり、黒い流れと白い雪の塊が造形的で気に入っている。突然の雪が襲ってくると、あたりは煙ったようなグレーの世界になる。Y

ヤマツツジ咲く奥入瀬渓流／青森県十和田市 5月

Data

撮影場所：青森県十和田市
撮影日：2月
アクセス：
①青森駅からJRバス十和田湖休屋行きで2時間。
②東北自動車道十和田ICから国道103号線、国道102号線で約48km、1時間10分。

流れの中に浮かぶ無数の綿帽子

朝の御《み》射《しゃ》鹿《が》池《いけ》

〔長野県 茅野市 6月〕

096 in NAGANO

時の流れも止まる水面の風景

八ヶ岳の西山麓に奥蓼科温泉郷がある。渋川沿いに点在する温泉宿は、山のいで湯として古い歴史と秘境的な趣がある。

御射鹿池は奥蓼科温泉郷の明治温泉入り口の手前にある。東山《ひがしやま》魁《かい》夷《い》の作品で、一頭の白馬が湖畔に佇む、あの有名な絵画「緑響く」のモデルになった池だ。今では多くの写真愛好家が集まる人気スポットになっている。この池が一番美しい姿を見せてくれるのは、5月下旬から6月上旬のカラマツやシラカバの若葉が生え揃った頃だ。

午前4時30分、静寂の中で撮影開始。東と南北を山に囲まれているため、水面は鏡のように湖畔の景色を見事に映す。6時、左の山の端から光が差し込んできた。それまで無彩色だった木々の緑が、目を覚ましたかのように生き生きとしてきた。傍らに咲く白いコナシの花がまぶしい。いまだ微動だにしない水面を、対岸の水辺でカモのつがいが揺らしていた。Y

御射鹿池／
長野県茅野市
6月

おしどり隠しの滝／
長野県茅野市
6月

緑の森を映す静寂な水面

Data

撮影場所：長野県茅野市
撮影月：6月
アクセス：
①JR中央本線茅野駅からタクシーで30分。
②中央自動車道諏訪ICから国道152号線、国道299号線で奥蓼科温泉郷方面へ19km、約30分。

曽木の滝

〔鹿児島県 伊佐市 7月〕

097

in KAGOSHIMA

滝の水の流れと色温度の差を表現する

高さ12m、幅210mと、滝の幅が広いことから、「東洋のナイアガラ」ともいわれる豪快な曽木の滝は、鹿児島県伊佐市南部を流れる川内川上流にある。この一帯は、川内川流域県立自然公園に指定されている。中でも滝の周辺は「曽木の滝公園」として、春は桜やツツジ、秋はモミジの名所となり、11月下旬のもみじ祭りの時にはライトアップされたモミジが夜空を染める。

暑い夏の夜、曽木の滝の駐車場で車中泊して夜明けを待つ。少し明るくなってきた頃、滝の展望台へ行き撮影を始める。「東洋のナイアガラ」と呼ばれる滝なので、スケール

朝陽の曽木の滝／鹿児島県伊佐市7月

夜明けの曽木の滝／鹿児島県伊佐市7月

岩を噛み流れ落ちる水の豪快さを表現する

の大きさを見せつつ、入り組んでごつごつとした岩を落ちる水の形と、色温度の差を定点撮影で表現しようと思った。

　まず、早朝の色温度の低い時に青を強調して撮影。そして、日の出の色温度の高い時にオレンジ色を強調し、太陽が昇った日中の光の時にも撮影して、違いを出してみた。

T

Data

撮影場所：鹿児島県伊佐市
撮影月：7月
アクセス：
①水俣駅からバス約50分、大口バスセンター乗り換え、バス約30分、曽木の滝入口下車、徒歩5分。
②九州自動車道栗野ICから国道268号線、県道48号線、国道267号線、県道404号線経由、約40分。

098 in KAGAWA

内海湾と瀬戸内海

〔香川県 小豆島町 11月〕

小豆島の海に描かれた雲の影

風にそよぐオリーブと絶景の島

香川県北東部の瀬戸内海に浮かぶ小豆島《しょうどしま》。島には見所が多数ある。島の南、田浦岬にある壺井栄の小説『二十四の瞳』の舞台となった「岬の分教場」。ギリシャをモチーフとした道の駅「小豆島オリーブ公園」も見逃せない。小高い丘の上にはギリシャ風の白い柱が立ち並び、オリーブ畑には風車もある。ここには内海湾や田浦岬を一望する温泉施設もあり、居心地がいい。

小豆島一の見所は、なんと言っても寒霞渓だ。寒霞渓は小豆島のほぼ中央に位置し、そこは幾筋もの深い谷と断崖絶壁が折り重なる、豪快な景色を見せている。山頂へは車かロープウェイで行ける。

11月中旬から下旬の紅葉の時期が一番いい。南向きの急斜面に林立する奇岩と絶壁を囲むように、紅葉の森が広がる。その景色は雄大で、まさに絶景だ。

正午過ぎ、美しの原高原の展望台に行くと、内海湾と瀬戸内の海に雲の斑模様が描かれていた。Y

Data

撮影場所：香川県小豆郡小豆島町
撮影月：11月
アクセス：
①草壁港から小豆島オリーブバス神懸線で紅葉亭下車、そこからロープウェイで山頂。
②大部港フェリーターミナルから県道31号線、県道29号線で約20km、30分。

小豆島・秋の寒霞渓／香川県土庄町11月

朝の山並みと太平洋

〔岩手県 大槌町 10月〕

099 in IWATE

『遠野物語』の舞台を訪ねながら太平洋を望む高原へ

岩手県の大槌町、遠野市、宮古市が隣接する白見山周辺の高原地帯は牧場が多く点在する所である。山の中だが、太平洋沿岸まで直線距離で40kmもないので、太平洋を望むことができる。

このめたりは、日本の民俗学の礎となる柳田國男の『遠野物語』でも有名だ。その中の一つ、マヨイガ（迷い家）の物語は、山の中で突然無人の屋敷を見つける話だ。そこを訪れた者は屋敷から何か物品を持ち出してよいといわれており、欲のない者が何かを持ち出すと富を授かるという話である。

遠野市から『遠野物語』の地を訪ねながら来るのも楽しい。遠野市から国道３４０号線を北へ宮古市方面に行くと、カッパが馬を淵に引きずり込もうとして捕まり、もう悪戯しないと約束をして放された、というカッパ淵がある。３４０号線から少し入るが、柳田國男に遠野の話を教えた佐々木喜善の生家や水車小屋もある。カクラサマという子供と遊ぶことを好む神様の話もあり、物語と風景を見比べていると、太平洋が望める高原に着く。

T

太平洋に迫る山並みを朝陽が照らす

Data

撮影場所：岩手県上閉伊郡大槌町

撮影月：10月

アクセス：

①JR遠野駅からタクシーで約25分。

②金石自動車道宮守ICから国道107号線、国道283号線、国道340号線経由、約40km。

霧の曽原湖

【福島県 北塩原村 6月】

100 in FUKUSHIMA

湖沼群を見て回る楽しさと火山の噴火疑似体験

１８８８年の磐梯山の噴火により、周辺の川が堰き止められて多くの湖沼群が誕生した。その後に植林が進められ、緑豊かになった高原は磐梯高原と呼ばれるようになり、１９５０年に磐梯朝日国立公園に指定された。標高７００ｍから１０００ｍ程の高原地帯には山岳道路なども整備され、春の新緑、夏の避暑、秋の紅葉、冬のスキーとワカサギ釣りなど四季折々に楽しめる。

磐梯高原の湖沼群は２００とも３００ともいわれ、それぞれの美し

ミソハギ咲く桧原湖畔と磐梯山／
福島県北塩原村
9月

深泥沼（五色沼）／
福島県北塩原村
8月

凍る秋元湖と磐梯山／
福島県北塩原村
2月

朝霧に包まれた曽原湖の木立

さを持っていて、遊歩道を歩く楽しさがある。磐梯高原を囲む磐梯山、安達太良連峰、吾妻連峰などを望める大きな湖もあれば、森に囲まれた小さな沼もあり、水の色に特徴がある沼もある。磐梯高原のほぼ中央には、磐梯山噴火100年を記念して建てられた磐梯山噴火記念館があり、大噴火の迫力を疑似体験し、火山のしくみを学ぶことができる。T

Data

撮影場所：福島県耶麻郡北塩原村
撮影月：6月
アクセス：
①JR猪苗代駅から磐梯高原休暇村行バス約45分、終点下車、徒歩約3分。
②磐越自動車道猪苗代磐梯高原ICから国道115号線、国道459号線、県道2号線経由、約20km、約30分。

おわりに

素晴らしい情景に出会った感動が忘れられない思い出となる

父が写真館を営んでいたこともあって、写真の短期大学に進学した。それまでは写真機という物を手にする機会も写真に対する興味もなかったし、報道写真と商業写真くらいしか知らなかったが、短大に入って、写真の世界には様々な分野があることを知った。

旅はしたことはなかったが、旅に憧れていた私は卒業後、絵葉書の出版社に入社した。入社直後、まだ実践経験がないのに、いきなり大判カメラを渡されて北海道取材を命ぜられた。そこでの体験はすべてのことが新鮮で楽しく、旅の素晴らしさの本質に触れたような気がして、心躍る毎日を過ごした。予約なしで一人で泊まる旅館、そこでの料理と美味い酒、のんびりと温泉に浸かり一日の疲れを癒す一時。これほどまでに自分に合った仕事があろうとは、三ヶ月前までは思いもつかなかった。私はその取材中に、迷わずこの道(風景写真)で生きていこうと決心して、3年後にフリーになった。

それから46年、半分は取材で旅をしてきた。写真の

需要が多い場所や気に入った場所は何度も行っているが、同じ表情の風景は見たことがない。また何日粘っても、思うような条件にならなかったり、花の咲き具合が悪かったりで撮影を諦めたこともある。だからこそまた挑戦するし、素晴らしい情景に出会った時の感動が忘れられない思い出となるのだ。

本書に掲載されている場所は、比較的気軽に行くことができ、写真も過去5～6年以内に撮ったものが多いので、読者の皆様への最適な旅のアドバイスになることだろう。旅をする目的は、時々によって違う。知ってはいたが行ったことがない場所、こんな絶景が日本にあったのかという新たな感動を、テーマ別になっている本書によって得ることができると思う。

四季の移ろいが明確で繊細な日本の自然。複雑な海岸線と背後に迫る樹木豊かな山々。限られた狭い地域でも標高差があるので、麓から山の頂まで長く季節を味わうことができる。また、一度行った所でも、旅する時期を少しずらすだけで、まるで違う風景との出会いが待っているのだ。自然を楽しむ旅もいい。美味い物や温泉を楽しむ旅もいい。そこが気に入ったら何度でも行けばいい。ここで取り上げられたポイントはほんの一部分だ。また別な折に、他の情報を提供できればよいと思っている。

山梨勝弘

朝の大洗海岸／茨城県大洗町 1月

里の風景

明日香村 015〔奈良県 明日香村 8月〕……36
石積みの集落 012〔徳島県 吉野川市 4月〕……31
かやぶきの里 011〔京都府 南丹市 4月〕……30
串柿の里 014〔和歌山県 かつらぎ町 11月〕……34
千早赤阪村 018〔大阪府 千早赤阪村 2月〕……42
弥彦村の満月 059〔新潟県 弥彦村 9月〕……112
雪の白川郷 010〔岐阜県 白川村 12月〕……28
遊《ゆ》子《す》水《みず》荷《が》浦《うら》の段畑 013〔愛媛県 宇和島市 2月〕……32

花の風景

赤そばの花畑 002〔長野県 箕輪町 9月〕……15
越前海岸のスイセン 051〔福井県 越前町 1月〕……99
奥多摩湖畔の桜 004〔東京都 奥多摩町 4月〕……18
キスゲ咲く霧ヶ峰 076〔長野県 諏訪市 7月〕……144
実相寺の桜 063〔山梨県 北杜市 4月〕……120
田代平湿原のワタスゲ 047〔青森県 青森市 6月〕……94
玉原《たんばら》高原のラベンダー 064〔群馬県 沼田市 7月〕……122
遠山桜 032〔熊本県 あさぎり町 4月〕……68
菜の花畑とアルプス 068〔長野県 白馬村 5月〕……130
ノゾリキスゲ咲く野《の》反《ぞり》湖《こ》 007〔群馬県 中之条町 7月〕……22
美《び》瑛《えい》のヒマワリ畑 041〔北海道 美瑛町 8月〕……84
羊山公園の芝桜 070〔埼玉県 秩父市 4月〕……134
ポピー畑と筑波山 067〔茨城県 下妻市 5月〕……128
三春の滝桜 024〔福島県 三春町 4月〕……52
モモとスモモの花畑 065〔山梨県 笛吹市 4月〕……124
矢勝川堤のヒガンバナ 062〔愛知県 半田市 9月〕……119

紅葉・林などの風景

嵐山の紅葉 061〔京都府 京都市 11月〕……116
小安峡の紅葉 071〔秋田県 湯沢市 10月〕……136
杉の美林 090〔熊本県 八代市 11月〕……168
曽《そ》爾高原夕景 053〔奈良県 曽爾村 10月〕……102
チャツボミゴケ 085〔群馬県 中之条町 7月〕……160
月夜の縄文杉 057〔鹿児島県 屋久島町 6月〕……110
夕日に染まるブナ林 049〔鳥取県 江府町 11月〕……96

崖・奇岩の風景

朝陽を浴びる北山崎 077〔岩手県 田野畑村 10月〕……146
阿波の土柱 079〔徳島県 阿波市 11月〕……150
馬ノ背洞門 084〔神奈川県 三浦市 10月〕……159
四国カルスト 083〔愛媛県 久万高原町 8月〕……158
楯ヶ崎夕景 050〔三重県 熊野市 11月〕……98
七ツ釜 089〔佐賀県 唐津市 5月〕……166
平尾台 087〔福岡県 北九州市 7月〕……164
浮《ふ》島《とう》海岸《かいがん》 082〔静岡県 西伊豆町 12月〕……156
仏ヶ浦 080〔青森県 佐井村 8月〕……152
窓岩 093〔石川県 輪島市 10月〕……173
メガネ岩 092〔千葉県 勝浦市 9月〕……172
本山岬 086〔山口県 山陽小野田市 5月〕……162

その他の風景

牛窓 088〔岡山県 瀬戸内市 11月〕……165
竹田城跡 028〔兵庫県 朝来市 11月〕……60
通《つう》潤《じゅん》橋《きょう》の放水 081〔熊本県 山都町 8月〕……154
月夜の来島海峡大橋 055〔愛媛県 今治市 8月〕……107
鳥取砂丘 094〔鳥取県 鳥取市 7月〕……174
虎《とら》臥《ふす》城《じょう》大橋 075〔兵庫県 朝来市 11月〕……143

見たい風景が探せる索引

山の風景

朝の月山弥陀ヶ原より月山 025〔山形県 庄内町 8月〕 51

阿蘇草千里 039〔熊本県 阿蘇市 9月〕 81

美ヶ原より雲上の浅間山 033〔長野県 上田市 10月〕 70

大玉村より安達太良山《あだたらやま》 017〔福島県 大玉村 10月〕 40

象潟《きさかた》の水田と鳥海山 016〔秋田県 にかほ市 5月〕 38

国見ヶ丘より高千穂の夜明け 021〔宮崎県 高千穂町 11月〕 46

鶏頂山遠望 073〔栃木県 日光市 7月〕 140

幻想富士山 054〔山梨県 山中湖村 12月〕 104

蔵王の樹氷と太陽 009〔山形県 山形市 2月〕 26

ダイヤモンド富士 045〔山梨県 山中湖村 2月〕 90

鳥海山と朝焼け雲 031〔山形県 酒田市 8月〕 67

月夜の霧ヶ峰 058〔長野県 諏訪市 1月〕 111

戸隠杉並木 029〔長野県 長野市 1月〕 62

八甲田山萱野高原 037〔青森県 青森市 10月〕 78

海・島の風景

朝の仙崎漁港 019〔山口県 長門市 11月〕 43

朝の山並みと太平洋 099〔岩手県 大槌町 10月〕 184

伊根町烏賊釣火《いかつりび》 056〔京都府 伊根町 5月〕 108

内海湾と瀬戸内海 098〔香川県 小豆島町 11月〕 182

浦富《うらどめ》海岸 043〔鳥取県 岩美町 7月〕 87

オホーツクの流氷と朝日 036〔北海道 網走市 2月〕 76

神島《かしま》 038〔和歌山県 田辺市 5月〕 80

紫雲出山《しうでやま》の展望 078〔香川県 三豊市 4月〕 148

底地《すくじ》ビーチ 008〔沖縄県 石垣市 7月〕 24

角力灘《すもうなだ》夕景 048〔長崎県 長崎市 9月〕 95

光る海松島 040〔宮城県 松島町 4月〕 82

日の出とカキ棚 020〔広島県 廿日市市 4月〕 44

経島《ふみしま》 022〔島根県 出雲市 4月〕 49

雪の天橋立 072〔京都府 宮津市 2月〕 138

陸中海岸浄土ヶ浜 030〔岩手県 宮古市 9月〕 64

利尻島夕景 062〔北海道 豊富町 6月〕 100

川・渓谷の風景

朝の菊池渓谷 035〔熊本県 菊池市 8月〕 74

北上川の朝 034〔岩手県 金ケ崎町 3月〕 72

霧の磐井川 066〔岩手県 一関市 5月〕 126

黒部峡谷鉄道 069〔富山県 黒部市 7月〕 132

四万十川 006〔高知県 四万十市 9月〕 21

斐伊川《ひいかわ》暮色 091〔島根県 出雲市 6月〕 170

雪の奥入瀬渓流 095〔青森県 十和田市 2月〕 176

由布川峡谷 003〔大分県 由布市 8月〕 16

滝の風景

赤目四十八滝 荷担滝《にないだき》 005〔三重県 名張市 5月〕 20

称名滝《しょうみょうだき》と虹 042〔富山県 立山町 7月〕 86

曽木の滝 097〔鹿児島県 伊佐市 7月〕 180

鍋ヶ滝 023〔熊本県 小国町 7月〕 50

夫婦滝 027〔熊本県 南小国町 8月〕 58

湖沼の風景

朝の御射鹿池《みしゃがいけ》 096〔長野県 茅野市 6月〕 178

雄国沼月明かり 060〔福島県 北塩原村 10月〕 114

霧の曽原湖 100〔福島県 北塩原村 6月〕 186

志賀高原木戸池 044〔長野県 山ノ内町 10月〕 88

十二湖 026〔青森県 深浦町 5月〕 56

宍道湖《しんじこ》夕景 046〔島根県 松江市 5月〕 92

西の湖夕景 001〔滋賀県 近江八幡市 11月〕 12

余呉湖《よごこ》 074〔滋賀県 長浜市 11月〕 142

著者

富田文雄（とみた・ふみお）

東京生まれ。東京写真専門学校卒業後、山岳写真家に師事したのち、フリーランスの写真家として独立。「花の風景」「街道・古道」「奇岩の風景」「故郷の道」などのテーマで、日本国内の自然風景を中心に撮影。カレンダー・書籍・雑誌などで作品を発表している。

山梨勝弘（やまなし・かつひろ）

東京生まれ。東京写真短期大学（現・東京工芸大学）を卒業後、絵葉書出版社に入社。退社後はフリーとなる。1989年に有限会社山梨写真事務所を設立。企業カレンダーの特写やカメラ・旅行雑誌、JRのポスターなどに写真を掲載している。

STAFF

装幀●宮崎絵美子
ロゴ制作●藤田大督
本文デザイン●瀬川卓司(Killigraph)
編集協力●株式会社オメガ社

PHP ビジュアル実用BOOKS

一生に一度は行きたい
日本の絶景、癒しの旅100

2014年9月1日　第1版第1刷発行

著　者　富田文雄
　　　　山梨勝弘
発行者　小林成彦
発行所　株式会社PHP研究所
　　　　東京本部　〒102-8331　千代田区一番町21
　　　　生活教養出版部　☎03-3239-6227（編集）
　　　　普及一部　☎03-3239-6233（販売）
　　　　京都本部　〒601-8411　京都市南区西九条北ノ内町11
　　　　PHP INTERFACE http://www.php.co.jp/
印刷・製本所　凸版印刷株式会社

ISBN978-4-569-82014-9